シリーズ **ダイバーシティ経営**

責任編集 佐藤博樹・武石恵美子

女性の キャリア支援

武石恵美子・高崎美佐 [著]

Series Diversity Management

中央経済社

「シリーズ　ダイバーシティ経営」刊行にあたって

　現在，ダイバーシティ経営の推進や働き方改革が本格化し，企業の人材活用のあり方が大きく変わり始めている。それによって，職場における施策やマネジメントのみならず，労働者個人の働き方やキャリアのあり方においても対応が迫られている。こうした状況を踏まえ，本シリーズは，著者らが参画するプロジェクトの研究成果を土台とし，「ダイバーシティ経営」に関する基本書として刊行するものである。本シリーズで「ダイバーシティ経営」とは，多様な人材を受け入れ，それぞれが保有する能力を発揮し，それを経営成果として結実させるという戦略をもって組織運営を行うことを意味している。各巻は，働き方改革，女性活躍のためのキャリア支援，仕事と子育て・介護の両立，管理職の役割といったテーマで，ダイバーシティ経営に関わる実態や課題に関する内外の主要な研究動向を踏まえるだけでなく，それぞれのテーマに関する主要な論点を取り上げ，「ダイバーシティ経営」に関わる研究者や実務家の方々に対して有益な情報を提供できるものと確信している。

　上述のプロジェクトは，中央大学大学院戦略経営研究科に産学協同研究として設置された「ワーク・ライフ・バランス＆多様性推進・研究プロジェクト」（2014年度までは東京大学社会科学研究所の「ワーク・ライフ・バランス推進・研究プロジェクト」）で，2008年10月に発足し，共同研究に参加している企業・団体（2020年度現在30社・団体）と研究者が連携し，プロジェクトのテーマに関わる課題について，調査研究や政策提言，さらに研究成果を広く普及するための成果報告会などを行ってきた。当初は「ワーク・ライフ・バランス」をメインテーマに掲げ，職場における働き方改革や人材マネジメント改革について検討を進めてきた。2012年度からは，テーマを「ワーク・ライフ・バランスと多様性推進」へと広げ，働き方改革を含めて多様な人材が活躍できる人事制度や職場のあり方について議論を進めてきた。人材の多様性に関しては，女性，高齢者，障害者，LGBTなどを取り上げ，多様な人材が真に活躍できる人事制度のあり方や，働き方を含めた人材マネジメントのあり方について検討を進め

てきている。検討にあたっては，アンケート調査やインタビュー調査などデータ収集と分析を行い，エビデンスを重視して，法制度や企業の人事施策，職場マネジメント，さらには働く人々個人に対する提言などの発信を行ってきた。

　これまでの研究成果は，第1期：佐藤・武石編著『ワーク・ライフ・バランスと働き方改革』（勁草書房，2011年），第2期：佐藤・武石編著『ワーク・ライフ・バランス支援の課題』（東京大学出版会，2014年）を，第3期：佐藤・武石編著『ダイバーシティ経営と人材活用』（東京大学出版会，2017年）として順次書籍を刊行してきている。

　本プロジェクトにおける研究は，プロジェクト参加企業との連携により実施したものが多く，また，研究結果はプロジェクトの研究会において常に実務家にフィードバックして意見交換をすることにより，現場の実態や課題認識に裏付けられることを重視してきた。プロジェクト参加企業の担当者の皆様のご協力やご意見が，本シリーズの成果に繋がっていることに心からお礼を申し上げたい。

　最後に，本書の出版に際しては，株式会社中央経済社社長の山本継氏，編集長の納見伸之氏，担当の市田由紀子氏と阪井あゆみ氏にお世話になった。記してお礼を申し上げたい。

　2020年6月

責任編集　佐藤　博樹

武石恵美子

はじめに

　本書は，ダイバーシティ経営という枠組みの中で，女性のキャリア形成を
テーマにしている。国の政策や企業の施策においては，「女性の活躍推進」と
して展開されることが多いテーマである。ダイバーシティ経営において，特に
女性の課題を強調すると「なぜ今さら女性なのか」といった意見が，男女双方
から出てくることが少なくない。近年の国の女性活躍推進政策の下で女性の能
力発揮を進める企業が増えてきたことに伴い，「すでに女性は活躍しており，
やるべきことはやった」（企業経営者），「女性だけがなぜ優遇されるのか」（男
女労働者），「活躍しろといわれるのは余計なお世話である」（女性労働者），と
いうような指摘が出てくるようになった。

　ところで，このような指摘は的を射ているのだろうか。本書は，女性は本当
に能力を発揮して働くことが可能になっているのか，なぜ女性のキャリア支援
が重要なのか，女性のキャリアの展開はどこを目指すのか，ということについ
てあらためて考える材料を提供する。ジェンダー・ダイバーシティを視点に据
えて，日本のダイバーシティ経営を推進する上での現状と課題を明らかにする
ことを目指している。

　国際社会に目を向けると，2015年に国連総会で「我々の世界を変革する：持
続可能な開発のための2030アジェンダ」が採択され，2030年までに達成される
べき17のゴール（SDGs）が合意された。この17のゴールの中に「ジェンダー：
ジェンダー平等を達成し，すべての女性及び女児の能力強化を行う」が掲げら
れている。社会の安定的な持続という観点から，あらためて女性が置かれてい
る現状についての課題認識が明確に示され，この課題に国際社会として適切に
対応していくことの重要性が共有されたといえる。

　女性の能力を高めてその能力を十分に発揮できるような社会を実現しようと
いう動きが国際的に強まっている中にあって，日本のジェンダー格差は大きい
ままに推移しており，先進国の中で最も格差が大きな社会となっていることは
周知の事実である。特に本書が取り上げている働くことに関してみると，男女

の置かれた状況には大きな違いが生じており，改善の進捗が遅い。

　もちろんこのような現状は，社会の中のジェンダー構造が反映された結果として生じている部分が大きく，企業の施策や職場の取り組みだけで解決できるものではない。しかし，女性が能力を発揮して働き，その能力を組織や職場の価値創造へとつなげていくことは，これからの企業経営にとって不可欠であることには多くの同意が得られるはずである。社会の構造に問題があり，企業ができることは限界があると放置していれば，日本のジェンダー格差が解消されず，グローバルな流れから取り残されてしまうことになるだろう。そしてそれは，企業経営という観点からみて，大きなウェイトを占める女性人材の能力発揮ができていない，という点において看過できない問題である。

　また社会のジェンダー構造は，組織内のジェンダー構造と相互に関連している。職場の中でジェンダー格差が生じていることが，女性がキャリア形成に意欲的になれなかったり，家事や育児の責任をもっぱら引き受けるという選択をもたらしたりすることにより，結果として社会のジェンダー構造を維持することにつながってしまう。社会のジェンダー構造，職場のジェンダー構造，個人のジェンダー意識，これらの相互依存的な関係をどこかで断ち切るために，ダイバーシティ経営という企業，職場で起きている潮流は，極めて有効な起爆剤となりうるのではないだろうか。

　本書は，ダイバーシティ経営におけるジェンダー・ダイバーシティの課題を取り上げており，ジェンダー・ダイバーシティの観点から経営戦略，人事戦略に接近することが，経営面での効果はもとより，女性が自身のキャリア形成に自律的に取り組めるようになることで社会全体の持続的成長につながるという展望をもちながら，議論を展開したいと考えている。

　2020年7月

　　　　　　　　　　　　　　　　　　　　　　　　武石　恵美子
　　　　　　　　　　　　　　　　　　　　　　　　高崎　　美佐

目　次

第5章　女性の昇進　111

序 章

ダイバーシティ経営における
女性のキャリア支援の課題

1 ダイバーシティ経営における女性のキャリア支援
の位置付け

　本書は，人材多様性の中でもジェンダー・ダイバーシティの側面に着目する。経営的な視点からみたときに，男性も女性も人材として能力発揮が可能になっているか，つまり，ジェンダー構造が人的資源の有効活用を阻害していないか，という観点から課題を整理している。本書では「ジェンダー構造」という表現が数多く出てくるが，これは，性別役割分業を基礎に置いた日本社会や企業等の組織において男女の格差をもたらす構造のことである。

　多様な人材を活かす経営戦略であるダイバーシティ経営において，「ダイバーシティ＝人材の多様性」には様々な側面がある。ダイバーシティの分類としては，違いが目に見える「表層的ダイバーシティ」と，目に見える形で顕在化しにくい「深層的ダイバーシティ」，という２つの区分がなされている（谷口，2005）。性別に注目することは「表層的ダイバーシティ」の中の１つの側面を取り扱うことに過ぎない。他にも，年齢，国籍，宗教，障害の有無，価値観などダイバーシティそのものに多面性があることから，特に経営や人事の現場では，女性だけを取り上げることへの違和感を指摘する声は多い。ダイバーシティ経営に取り組む企業において，女性のキャリア支援・活躍推進を優先課題と考えつつも，「なぜ女性だけを問題にするのか」という現場の反発を回避

するために，それ以外の多様な人材を含めて施策を展開することにより，ジェンダーの視点が目立たないようにしようとする企業もある。しかしながら，それにより，自社が抱えるジェンダー・ダイバーシティの観点から取り組むべき課題や取り組む意義が曖昧になり，現場と課題を共有する際に支障が出てくるケースもみられる。

　「ダイバーシティ経営＝女性のキャリア支援」ではないことは言うまでもない。しかしそれでもなお，日本の多くの企業の現状において，女性のキャリア形成を円滑に進めて女性が活躍できるようにするための推進策は，ダイバーシティ経営において重要度の高い施策といえる。その理由として以下の4点を指摘したい。

　第1に，女性は人数が多いということがあげられる。女性の能力発揮を進めなければ組織運営が円滑に進まない，という「数」の面での重要性がある。現在働いている女性に加え，日本には労働市場に参入していないが働くことを希望している潜在的な労働供給層として，かなりの数の女性が存在している。潜在層を含めて労働力の半分を占める女性が，その能力を十分に発揮できない状況があるとすれば，個々の組織のみならず社会全体としても人的資源が有効活用できていないという点で極めて大きな問題である。

　第2に，ダイバーシティには様々な側面があるが，その中で，性別に注目するジェンダー・ダイバーシティは可視化しやすく，性別というシンプルな区分であるために，ダイバーシティ経営のイントロダクションと位置付けることができる，という点があげられる。国籍や障害の有無など，より多様性・複雑性の高いダイバーシティの側面があり，この複雑性がダイバーシティ経営の難しさにつながるが，まずはジェンダー・ダイバーシティに取り組むことが，他の多様性にも応用できるという点は重要である。

　その上で，第3に，女性の中の多様性という点を指摘したい。女性は，就職や離職などの就業パターン，労働時間や就業場所の選択などの働き方や就業実態などにおいて，男性以上にバリエーションが大きく多様性がみられる。女性が働く状況を分析することは，性別という表層的ダイバーシティに加えて，女性の中の価値観やライフスタイルなどの深層的ダイバーシティにも注目するこ

とになる。このことは，結果として男性の中の多様性という性別を超えた議論になる。

　第4に，何よりも日本の企業において女性の能力発揮が遅れている，という現状があることである。ジェンダー・ダイバーシティに注目して実施する施策は，日本を含めて多くの国が取り組んできた課題であり，この問題が完全に解消している国はどこにもないわけだが，とりわけ日本には多くの課題が山積している。企業経営がグローバルに展開されていく状況にあって，日本企業が海外で活動する，あるいは海外の企業が日本で事業展開をする，という状況が普通のことになってきたが，いずれのケースでも日本社会のジェンダー構造が人的資源の有効活用を阻害する要因になりかねない。

　以上，ダイバーシティ経営において，日本企業がなぜ女性のキャリア支援や活躍の推進に取り組むことが重要なのか，ということを説明したが，一方で，ダイバーシティ経営という経営戦略が，日本社会全体のジェンダー構造を変える起爆剤となる可能性があることにも言及しておきたい。

　女性の活躍を進める上で極めて重要な政策が，1986年に施行された男女雇用機会均等法であり，1992年に施行された育児休業法（現在の育児・介護休業法）である。2つの法律とも，社会に大きなインパクトを与え，女性の働き方に多大な恩恵をもたらすと考えられたが，現実には実質的な男女別の雇用管理は維持され，出産を経て勤続する女性が多数派にはならず，期待された効果が十分に表れたとは言い難かった。しかし，2010年代頃から，女性の就業に目に見えて変化が現れ始める（第1章参照）。それは，先の2つの法律改正の動きや新しい法律（次世代育成支援対策推進法，女性活躍推進法など）の制定を含めて，社会的な政策の前進があったことも評価できるが，同時に，企業の経営戦略にダイバーシティの重要性が組み込まれていったことの効果も大きかったのではないだろうか。

　そもそも日本企業で女性の活躍が遅々として進まない背景として，社会の中のジェンダー構造と組織内のジェンダー構造の強い相互依存関係が指摘されてきた。長期継続雇用や年功制，企業内での人材育成システムに代表される「日本的」と言われる雇用慣行が，家庭内の性別役割分業と結び付きながら高度経

済成長期を通じてシステムとして定着したことにより，職場における性別分業という男女間の格差を強化してきたという見方がなされている（川口，2013）。この雇用慣行の下では，家族的責任を担っていない労働者がモデルであることから，女性がその仕組みの下で能力を発揮しようとしても，ワーク・ライフ・バランス（以下「WLB」）が実現できないために無理が生じてしまい，結果として女性が結婚や出産で仕事を辞めていく状況が変わらず，家庭内の性別役割分業が維持されることになる（本書5章，図表5－6を参照）。男性の長期継続雇用，恒常的な長時間労働，男女の役割分業といった状況が相互に関連して合理性（ゲーム理論の「戦略的合理性」）をもち，部分的に変更することが難しい（「経路依存」して「制度的惰性」が発生している）と考えられ，全体の仕組みに問題が生じているとわかっていてもそこから抜け出すのは難しい（山口，2017）。

　こうした相互依存関係の結果として何らかの問題が生じている場合に，法律など外からの力を通じて修正を求めるやり方があるが，社会全体の状況をとらえずに強引に進めてもうまくいかない。ところが，たとえばこのシステムの中の重要なプレイヤーである企業（経営戦略や人事戦略を構築する主体）が，これまでのシステムの欠点を直視し，敢えて軋轢を乗り越えて自らの制度や仕組みを変更する方向に動くことにより，全体のシステムの構造が変わることが期待できる。「ダイバーシティ経営」という経営戦略は，日本の企業組織内の同質性の負の側面を重くみて，人材多様性の価値を活かす方向に大きく舵を切ることである。ジェンダー・ダイバーシティの視点からとらえれば，男性中心の組織に女性という異質性を受容していくことになり，そのためには，ジェンダー構造により規定されていた労働条件や働き方の現状を大きく修正することが求められることになる。企業組織がダイバーシティの必要性を認めて自社の制度や仕組みを動かすことにより，社会のジェンダー構造に変革を迫るという効果が期待できる。

　つまり，ダイバーシティ経営を推進する上で，女性を対象にする取組は，現在の日本企業の現状をみる限りにおいては本丸ともいえるものであり，同時に，ダイバーシティ経営を強力に推進する企業の増加により，日本社会のジェン

ダー構造の変革が期待されるのである。

2 本書の問題意識

　あらためて本書のテーマである「女性のキャリア支援の意味するところ」について明確にしておきたい。女性のキャリア支援に関する社会政策，さらに企業内で実施する施策は，「女性活躍推進策」として展開されることが多い。しかし，「女性活躍推進」という言葉には，政策立案側の「上から目線」的な意味合いが感じられる，管理職を目指すような一部の女性に限定した議論になっているのではないか，というような誤解や批判がある。本書では，女性が活躍できるというのは，女性が自身のキャリア形成に主体的・自律的に取り組み，意欲や能力を発揮して働くことができることととらえ，それを可能にする働きかけを「女性のキャリア支援」とした。

　その上で本書では，政策を論じるのではなく，ダイバーシティ経営という企業の戦略において，女性の能力が十分に発揮できているのか，という点を重視し，企業組織におけるジェンダー構造とその結果生じている女性の能力発揮の課題について論じる。したがって，女性のキャリア支援を行う主体は，企業組織（経営者，人事部門。企業以外の団体などでも同様の議論ができるが，本書では「企業」と総称する。）である。「女性活躍推進」という言葉に「女性の皆さん，どうぞご活躍ください」というニュアンスを読み取ってしまうという意見があるが，女性が長期的な視点からキャリアを形成して活躍できるようにするために企業組織は何をすべきか，何ができるのか，というのが本書に通底する問である。これは，Kanter（1977）が，「組織における人間の行動を拘束するのは状況の特徴である」と述べ，個人の行動を規定する組織的な状況を重視した考え方と同じ問題意識がベースにある。

　次に「活躍できている」とはどういうことなのか，が重要になる。女性が活躍している状態として，女性の管理職登用が注目されることが多い。第5章でこの問題を取り上げており，管理職に女性が増えることは，女性が活躍できているアウトカム指標として重要と考える。しかし，管理職にならない・なれな

い女性が活躍できていないわけではない。女性が意欲・能力を発揮して有能観を持ちながら働くことができ，将来にも展望がもてることが，活躍できているということである。それが管理職という役職に就くことで達成される場合もあれば，それ以外の役割発揮により達成される場合もある。女性が目指すキャリア形成の方向の多様性により，活躍できている状態も多様であるという点に留意しなくてはならない。

3　本書の構成

　以上が本書のテーマである「女性のキャリア支援」「女性活躍推進」の基本的な考え方である。本書では，女性はどの程度能力発揮ができているのかという現状について概観した上で，採用，育成，昇進といった雇用のステージにおいて，職場の中に女性の能力発揮を阻む状況がどのように存在しているのか，という観点から現状と課題を掘り下げることにしている。

　各章の概要を紹介する前に，本書のテーマの範囲を明確に示すことにより，本書で議論していない重要なテーマについて2点指摘しておきたい。

　1つは就業形態を，女性正規雇用に限定していることである。女性雇用者の半数が非正規雇用であることから，この点は本書の限界である。ダイバーシティ経営において，非正規雇用を含めた多様な就業形態を視野に入れた取組も行われている。しかし，非正規雇用をジェンダー・ダイバーシティの枠組みで議論しようとすると，複数の就業形態と性別という組み合わせの中で丁寧に議論をする必要があるため，紙幅の関係から非正規女性の課題についてはテーマから外すこととしたものである。

　もう1つが，継続的にキャリアを形成する女性を対象にしているということである。女性の労働力率の特徴を示す「M字型カーブ」にみられるように，一定数の女性が，結婚や出産などで仕事を中断した後に再び労働市場に参入するというキャリアを選択している。仕事から離れて家庭生活や地域生活の経験をもつ人材は，その経験の多様性という面を評価することができる。ただし，こうしたキャリアは現状では女性特有のものであり，また再就職女性の能力発揮

の仕組みを検討する際には，再就職までの経験や再就職にあたっての意識の持ち方など，個人の状況に依存する前提条件も重要になることから，組織として取り組めることには一定の制約がある。本書では，女性が継続的にキャリアを形成することができるようになることをまずは重視し，女性が継続することを支援し促す企業の施策，継続して働く女性が能力を高めて発揮できる職場の条件という課題に関してテーマ設定を行うこととした。

　以下で本書の構成とその概要を順に説明したい。

　第1章では，日本の働く女性の現状がどのような立ち位置にあるのかを確認するとともに，その背景や政策的な対応についてまとめている。日本の女性が置かれている状況は，国際的にみても課題が多く，女性の労働参加，賃金や職位における男女間格差など，様々な指標において女性が活躍できているとは言い難い現状にある。女性の就業実態が国によって異なるのは，社会のジェンダー構造や国の制度などのシステムが密接に関連するからである。特に日本では，いわゆる「男性モデル」の雇用の仕組みが作られており，その仕組みの下では能力発揮が難しい多くの女性が存在し，性差別につながりやすい構造がある。

　これに対しては，法整備も進められ，男女雇用機会均等法，育児・介護休業法という基本的な法律が1980年代後半から90年代前半にかけて整備されたが，バブル崩壊後の経済危機などにより，女性の就業実態の改善は遅々として進まなかった。2000年代後半以降になって，仕事と育児の両立支援をはじめとするWLB政策により女性の企業定着が高まるという変化が起こるが，そこで顕在化してきたのが，定着は進んだものの女性の能力が十分発揮できず，長期的なキャリア形成面で問題が生じているのではないかという懸念である。この課題を重く受け止めて，女性が活躍できる環境を整備することの重要性への認識が高まり，ダイバーシティ経営を経営戦略に掲げる企業が増える状況の下で，女性活躍推進策が加速してきた。この取組が確かなものとして定着するためには，男性のキャリアモデルの働き方をどれだけ変えることができるか，が課題となる。

　第1章で全体を俯瞰した上で，第2章からは，雇用管理のステージやテーマ

を絞って，ダイバーシティ経営を進める上でジェンダー・ダイバーシティの視点からどのような課題があるのかについての知見をまとめている。

　第2章は，入り口の場面を切り取り，企業からみた「採用」，女性側からみた「就職」を取り上げている。女性の活躍を進めるためには，職場に女性が一定数存在しなければならず，その初期値である採用の段階で，女性が排除されないことが不可欠である。しかし，実態をみると女性は採用時に男性と比べて不利な状況に置かれている。採用のプロセスを分解すると，採用計画，採用活動，選考といった企業側からみたプロセスに加えて，女性の就職活動という側面もあり，そのマッチングとして採用が決定する。この一連のプロセスにおいて，たとえば学卒採用を取り上げると，理系の応募者の母集団に女性が少ないといった偏在が生じているというように，女性側のジェンダー・バイアスから生じている構造的な問題が存在する。それに加えて，採用条件を満たす状況が男女同じであるにもかかわらず，女性が不利に取り扱われてしまうという採用側の問題が存在している。また，採用が適切に行われなければ，採用後の早期離職を招くことになるため，採用のプロセスで，採用側と応募者の間で相互に適切な情報が提供されることも重要である。特に女性の応募者は入社後の働き方などについて男性以上に関心を持つ傾向があり，こうした特徴に採用側が適切に対応していかないと，効果的な採用にはつながらない。入社前の採用時において，女性の活躍を意識した対応が求められているといえる。

　第3章は，入社後の比較的若い時期をとらえ，初期キャリアの課題について検討する。日本の組織では，仕事経験を通した能力形成が重視されるが，特に「一人前になる」までの仕事経験は重要である。学卒後就職した新人は，新入社員研修などを経て配属された職場で上司や先輩から指導を受けながら経験を積むことになるが，そもそも即戦力を期待されていない新卒者の場合，初期キャリアは，仕事の経験により必要な能力や知識を身に付けることに加えて，組織の一員として組織に適応していく組織社会化へのプロセスでもある。

　この重要な時期に，配属先や配属先での仕事の与えられ方において男女の違いが存在している。従業員本人の勤続イメージの男女差，つまり女性の意識に多様性が存在していることが，企業の対応を難しくしている。男性の初期キャ

リア形成と同じメニューを女性に展開してもうまくいかないということが考えられ，女性に対する期待を明確にして支援していくといった対応が必要になる。初期キャリアにおいては，早期離職の防止という点もポイントとなるが，早期離職につながる「リアリティ・ショック」に関しても，女性の特徴を踏まえた対応を進めることが重要となる。

　第4章は，出産・育児期のキャリア形成がテーマである。出産・育児期の女性の離職傾向の高さが雇用の男女格差をもたらす最大の要因であり，この時期のキャリア中断を防ぐとともに，その後のキャリア形成を展望しながら能力形成や能力発揮を進めることは，女性の活躍を進める上で極めて重要である。特にこの時期への対応の必要性は，現状では男性においてそれほど高いとはいえず，もっぱら女性特有の問題として位置付けられるため，適切に対処しないとマミートラック化をもたらすことになるということにも留意しなくてはならない。

　出産・育児期の就業継続は，1992年に育児休業制度が法制化されるという重要な政策によっても，その後20年程度は女性の定着がそれほど上昇しなかったという点で，法の効果は限定的であったと言わざるを得ない。しかし，2010年頃から正規雇用の女性で顕著に定着が高まるようになり，両立支援策を含むWLB政策の展開，そして企業のダイバーシティ経営の広がりなどが女性の定着を後押ししたことが明らかになっている。同時に，女性の定着が進んだことで，育児後の女性の継続的なキャリア形成という観点からの課題が顕在化し，その現状や対応策に関して多くの研究が蓄積されてきている。女性の就業継続だけでなく「キャリア継続」の重要性が指摘され，さらには育児責任が女性に偏在することが女性のキャリア形成を阻害することから，男性が育児に関わることの重要性が強調されてきている。

　第5章は，女性の昇進の課題を取り上げる。女性管理職を増やすことを重要な女性活躍推進策と位置付け，管理職に占める女性の割合を引き上げることを数値目標を設定して取り組む企業が多い。社会的にこの指標が注目されていることが背景にあるが，管理職に占める女性比率は，人事管理の各ステージにおいて女性の活躍を進めるための取組が適切に行われているかという点をチェッ

クできるアウトカム指標であり，着目すべき指標である。採用された女性が企業に定着し，男性と同じように育成機会が与えられれば，採用時の女性比率が管理職昇進時にも維持されているはずである。しかし，多くの企業で管理職に占める女性比率は採用時の女性比率と比べて大きく落ち込んでいるのが実態であり，女性の昇進までのルートのどこかに目詰まりが起きていることになる。そもそも女性が昇進を希望していないという現状があるが，それは企業の対応により対処できる部分が多いと考えられる。

とりわけ日本の管理職に占める女性の比率は，国際比較においても低い数値であり，そこには日本の昇進の仕組みや構造が関連していると考えられる。女性の昇進の課題を解決するためには，そうした構造的な課題に対して丁寧な対応を進める必要がある。そうしないと，形式的に数合わせをするだけとなってしまい，取組が継続しなかったり，能力がない女性を優遇する「逆差別」という批判を受けたりすることで，結果として失敗に終わりかねない。女性管理職が増えていけば，それが職場マネジメントのあり方を変える可能性もあり，今後期待される研究テーマといえる。

女性が管理職さらには役員というように，高い役職に昇進して組織の意思決定やマネジメントに参画していくことは，ダイバーシティ経営にとって本質的に重要なことである。しかし，当然のことであるが，管理職以上の役職に就ける人数は限られており，男性を含めて多くの従業員は役職に就かない一般職層にとどまって仕事をすることになる。特に女性は管理職への登用が進まなかったために，現在では管理職に就かない一般職層が大多数となっている。第6章は，そうした管理職に就かない女性を「女性一般職」として現状と課題を論じている。

現在ほとんどの女性雇用者は一般職層であり，年齢が高くなっても管理職に就かない女性が多く，この圧倒的な数の多さをダイバーシティ経営においては認識しなくてはならない。女性一般職は，事務職やサービス職に多く，男性とは異なる職種や部門の分布傾向を示し，さらに同じ職種や部門の中でも役割が異なるというように，性別職域分離が生じているという現状がある。性別職域分離の背景には，社会や職場のジェンダー構造が指摘されてきた。特に日本企

業に特有の制度として「コース別雇用管理制度」があり，男女雇用機会均等法
施行により男女別管理に代わるものとしてコース別管理が導入されたことで，
女性の職域が限定されるという実態が温存されてきた。しかし女性の企業定着
が進み，男女の職域を分離する前提条件が変化することで，女性の職域拡大も
徐々に進んできている。また，女性の中には働くことについての意識の多様性
がみられることから，その多様性の受け皿として「限定正社員制度」の導入の
必要性が議論されるようになっており，コース別雇用管理制度との違いを明確
にして，この制度がジェンダー構造を温存させないような制度として定着を図
ることも課題となっている。女性一般職に適切に対応できるか否かにより，ダ
イバーシティ経営の真価が問われるということもできる。

　以上，本書ではそれぞれの雇用管理のステージの課題を明らかにしているが，
各章を通じて共通することが2点ある。
　1つは，女性のキャリア支援を行う上で，男性のキャリアモデルを前提にし
て同じやり方を女性に当てはめようとしてもどこかに綻びが生じるということ
である。日本社会や組織のジェンダー構造により，女性が置かれている状況は
男性と異なっており，そこから生じている女性固有の課題があることを意識し
た施策の展開が必要である。
　もう1つが，女性固有の課題と考えられていることは，状況が変化すれば男
女共通の課題となるということである。ジェンダー構造から生じる女性固有の
課題の背景にあるのが，多くの女性が担っている育児を中心とした家族的責任
である。しかし家族的責任は本来男女が共通に担う責任・役割である。本来の
姿になれば，仕事と育児の両立支援制度の利用によるキャリア形成の課題や，
管理職のハードな働き方の問題，限定正社員制度の必要性などは，男性のキャ
リア形成にとっても共通のテーマとなる。ジェンダー・ダイバーシティの視点
からダイバーシティ経営にアプローチしている本書の結論として，女性の課題
は男女共通の課題であることの共通理解が得られることを期待している。
　さらに本書を通じて指摘できる重要なことは，女性の活躍を進めることにつ
いて，管理職登用などの特定のステージを切り取って対応策を行っても，どこ

かでとん挫して持続しないということである。採用から育成，役職登用という一連の雇用管理のステージを通じて，「女性のキャリア支援」という視点を基本に置いた総合的かつ一貫性のある施策を展開することが肝要となる。同時に，女性の中の多様性にも注目し，多様なキャリアのパターンを想定しながら，それぞれのキャリアニーズに対応した支援のあり方というものを検討することが，ダイバーシティ経営という観点からは必要なことといえるだろう。

| 参考文献

川口章（2013）『日本のジェンダーを考える』有斐閣.

谷口真美（2005）『ダイバシティ・マネジメント－多様性をいかす組織』白桃書房.

山口一男（2017）『働き方の男女不平等－理論と実証分析』日本経済新聞出版社.

Kanter, Rosabeth M.（1977）*Men and Women of the Corporation*, New York : Basic Books.（高井葉子 訳（1995）『企業のなかの男と女』生産性出版）.

第 **1** 章

働く女性の現状と政策

　女性が意欲と能力を発揮して活躍できるようにすることは，公正で持続的な社会の発展という社会的な要請だけでなく，個々の企業の成長のためにも欠かせないという共通認識が形成されてきた。しかし，労働市場で女性が能力を発揮できるようになるためには，多くの課題が残されている。女性就労の実態，雇用の分野における男女間格差の現状は，徐々に改善してきてはいるものの，雇用形態，賃金などの労働条件，採用や配置などの雇用管理において，男女の違いは依然として存在している。国際比較によっても，わが国の男女間格差は大きなものがある。その背景には労働力の需要サイド，供給サイドの両方の要因が指摘できるが，女性の能力発揮を阻害するような需要サイドの状況が，供給サイドである女性の就業意欲に影響を及ぼしているという観点から考えると，女性の能力発揮に向けた社会や企業の取組が欠かせない。企業の取組を進めるための法制度の整備も進められてきた中で，日本の女性の能力発揮の現状はどうなっているのか，その立ち位置を確認することが必要である。

1　女性就業の多様性

⑴　多様性の背景

　女性の就労状況は男性に比べて多様である。労働市場への参入状況といった量的側面，就業形態を含めた働き方といった質的な側面のいずれにおいても，女性には多様な状況が出現する。これは，女性が男性に比べて家族的責任を強

く意識しながら職業キャリアを選択しており，その選択が個人の価値観や志向性，置かれている状況によって多様性を帯びるからである。

　女性が結婚や出産を理由に転職をしたり労働市場から退出したりするのは，一義的には，女性の選択の結果という側面がある。

　女性にはライフスタイルに関して多様な選好のパターンがあることに着目したのが，社会学者のHakim（2000）の選好理論（preference theory）である。女性のライフスタイルの選好は，「仕事指向型（work-centered）」と「家庭指向型（home-centered）」，さらに両者の中間タイプで状況に応じて対応する「適応型（adaptive）」の3つに類型化できるとした。Hakimがイギリスで実施した調査から，「仕事指向型」と「家庭指向型」がそれぞれ2割程度，「適応型」が6割程度としている。こうした選好パターンは，女性が置かれた環境の影響を受けているものの，女性が望んで選択した結果であると考えられた。この理論によると，女性が非就業やパートタイム就労を選択するのは女性が希望しているからだということになる。新古典派経済学における合理的選択モデルでは，個人の選好は賃金水準や夫の所得などの外生的な要因で決まると考えられたが，Hakimの選好理論は，女性側の就業・非就業などに関する志向を均質的なもので外部の要因によって変化しうるといった前提を批判する形で登場してきた。

　しかし選好理論に対しては，女性が置かれた状況の中で選好が決まるという側面を軽視しているのではないかという観点からの批判もなされている（Blackburn et.al, 2002など）。そもそもHakimの理論で多数派を占める「適応型」は，状況に応じて変化するという点に特徴があり，このグループは，女性の就業を取り巻く外部環境の状況によって女性が就業選択を行っているといえる。

　女性の就業選択が社会的な制約の下で行われていることを鮮やかに示したのがKanter（1977）である。1970年代には性差別の背景には男女の本質的な違いがあるという考え方が一般的であったが，これに対してKanterは，人はそれぞれが置かれた社会的な状況の中で行動が規定され，それによって「女性的な」態度をとるようになるのだとして，女性が置かれている状況が男性と異な

ることが，働く場における女性の問題を生んでいると主張した。女性には様々な機会や権力が与えられないこと，男女の人数に不均衡が存在することなどの組織の現実があり，この現状を変えないと女性が能力を発揮することはできないと指摘した。

⑵　国際比較

　女性の就業実態が，社会的な状況を反映していることは，国際比較データによっても確認できる。

　OECD加盟国に共通して，女性の雇用が拡大し男女間格差の指標は縮小傾向にあるが，その進捗及び現時点での水準は国による差が大きく，その中で日本の縮小幅が小さく改善が遅れていることが明らかになっている（OECD, 2012）。図表1-1により，男女の労働力率の差をOECD加盟国で比較すると，全体の傾向として1980年以降縮小傾向を示し，2010年にOECD平均の差異は14.0ポイントとなったが，日本は21.6ポイントと男女差が依然として大きい。オランダ，アメリカ，ドイツなど80年以降男女の格差が急速に小さくなっていった国と比べると，日本の変化が小さい点が注目される。図表1-2に年齢階級別にみた労働力率を示したが，先進国ではM字が解消した国がほとんどであるが，日本では現在も緩やかな形で「M字型カーブ」が残っている。

　女性の就業実態に関する国による違いは，雇用の分野における男女平等政策など，女性労働に関する政策が背景にあるとされてきた。これに関連する議論として，Esping-Andersen, G. (1990) の「福祉国家レジーム（福祉国家体制の理論)」の議論がある。女性の就労にも深く関連する福祉政策の観点から各国の政策の類型化を行ったもので，福祉国家の形は1つの類型に収斂するのではなく，複数のタイプに分かれてきたということを指摘し，先進国を3つの類型，すなわち「自由主義レジーム」「保守主義レジーム」「社会民主主義レジーム」に分類した。これによれば，以下で紹介するスウェーデンは，「社会民主主義レジーム」，アメリカは「自由主義レジーム」の代表例である。

　男女平等が進んでいるのが北欧諸国である。スウェーデンでは，1970年代に男女が共に働く社会へと大きく転換した。それを促した政策が，夫婦合算制か

16

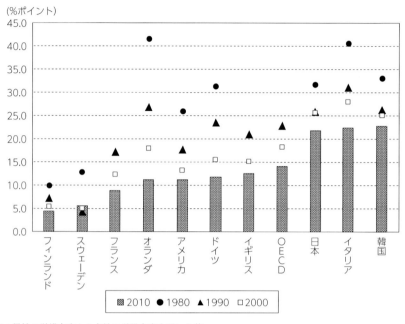

図表1-1 労働力率の男女差（注）の国際比較

注：男性の労働力率から女性の労働力率を引いた値
出所：OECD（2012）より

　ら個人単位への税制改革，男女を対象とした育児休業制度などの労働環境の整備，公的保育の整備であったとされている（高橋，2012）。国が福祉の基盤を支えるという考え方に立ち，公共政策として仕事と家庭の両立支援策を充実させ，特に育児や介護の社会化を進めながら女性の労働参加を促し，その結果，女性の高い労働力率を実現している。一方で，女性の就業分野は公務が多いなど，男女間の職域分離が大きいといった課題もある。

　北欧とは異なる政策アプローチで男女平等を進めてきたのがアメリカである。男女平等政策や女性の高学歴化などを背景に，60年代以降から80年代にかけて女性の労働力率が高まり，それと並行して職域や賃金における男女間格差が縮小して男女平等が進んだ。女性が高度なスキルを身に付けたことにより人的資本が高まったために，企業にとって有為な人材とみなされ，高い能力を持つ人

図表1-2　年齢階級別女性労働力率の国際比較

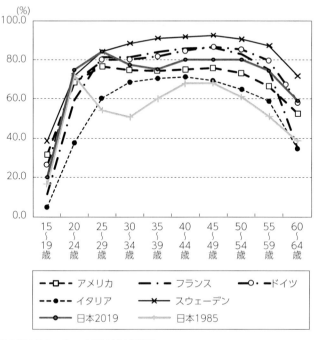

出所：ILO「ILOSTAT Database」2019年11月現在

材に対する就業支援策が重要になり，両立支援策や柔軟な働き方など，企業主
導の制度対応が行われた（黒澤，2012）。アメリカでは，スウェーデンのよう
に，育児等に対する公的な支援策が充実していない。福祉は基本的に市場で提
供されるべきものという共通理解が形成されているために，公的な部門が育児
支援や労働政策に必要以上に介入することはしないためである。女性が働くた
めの条件整備は，民間ベースでの人材活用策として女性の能力発揮策や就業支
援策に取り組んだ結果として進展してきたとされている。また，アメリカでは
家事労働の外部化も進んでおり，高賃金の女性の就業を支援しているという側
面もある。
　これに対して，日本は南欧諸国と同様，「家族」の役割を重視するという特
徴があることが指摘されている。Esping-Andersenは，南欧諸国や日本など，

上記の３つの類型ではうまく分類できない国が存在することを後に認めている。日本やイタリア・スペインなどの南欧諸国では，家族がセーフティネットとして機能してきた分，政府や企業の役割は相対的に小さい。女性の就業との関連でみれば，女性の家族内でのケア役割が大きいために，働く場への参画が制約されたとみられている。

2 日本の女性の就業実態と背景

⑴ 就業実態の男女差

　男女間格差が大きい日本の就業実態は，性別役割分業が強い社会構造や，それと関連して女性に家族のケア役割が期待されている現状，男性の長時間労働に象徴されるような拘束度の高い働き方などが反映された結果といえる。以下では，わが国の女性の就業実態とその背景についてみていきたい。

　男女のキャリアの差異という観点からみると，男性は60代まで高い労働力率を示すのに対して，女性はキャリアの中断が生じやすいという点があげられる。図表１-３は，現在の就業の有無と転職回数をみたものである。男性は，30代から50代まで，離職経験のない層が半数程度を占めるが，女性は，離職経験のない割合は２割程度と低い。生涯を通じてみたときに，女性は１つの組織への定着が低いという実態がある。

　日本の女性の離職傾向が他の国に比べてとりわけ高いわけではないが，日本の男性の長期勤続傾向が強い分，定着率の男女差が際立つという特徴がある。ここでいう「離職傾向」は特定企業からの離職傾向であるが，日本の女性は育児などを理由に離職した場合にそのまま長期にわたり非労働力化する傾向が強いという特徴もある。長期勤続の男性と比べて女性の離職傾向が高いことが，企業内育成に注力する日本企業において，女性の能力発揮を妨げている要因であるということが指摘されてきた（樋口，1991）。

　ライフコースを通じてみたこうした男女の就業パターンの違いは，雇用面での男女差を生む原因となっている。勤務先の企業規模や職種構成，正規・非正

図表1-3 男女のキャリアの違い：年齢別初職からの離職回数割合

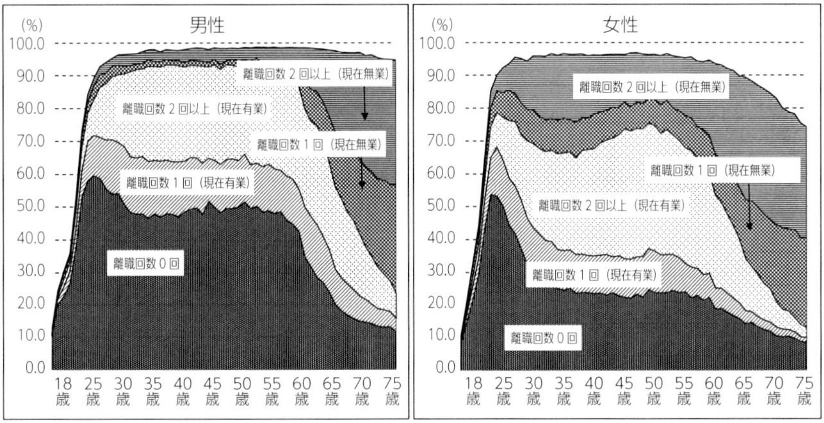

注：初職の有無が不明な者は集計対象から除外している
出所：厚生労働省「平成26年度　労働経済の分析」より
　　　（総務省統計局「平成24年　就業構造基本調査」を集計したもの）

規といった就業形態，企業の中での配置や昇進など，様々な指標で男女差が大きい実態の背景には，男女の就業パターンの差異があり，後述する「統計的差別理論」がこれを説明する上で有効であるとされている。

⑵　女性労働力率の変化

　女性の労働力率は，1985年以降5割前後を推移しており大きな変動はみられないが，これは人口高齢化により非労働力人口が増えていることの影響が大きい。この影響を取り除くために15〜64歳層に絞って女性の労働力率の変化をみると，1985年の54.5％から，2005年に60.8％，2019年72.6％と，この30年間で18ポイント程度上昇し，特に2005年以降に12ポイントの大幅な上昇となっている。年齢別には，30代の女性労働力率が女性全体の伸びを上回っている。

　女性の年齢階級別にみた労働力率，いわゆる「M字型カーブ」が女性就業の特徴を示すが，近年になって20代後半から30代前半のM字の谷の部分の労働力率が上昇し，M字の形状が不鮮明になってきた（図表1-2）。M字型カーブの上方シフトは，女性の結婚行動の変化，すなわち未婚者の増加による部分が大

20

きい。女性労働力率は配偶者の有無，子どもの有無によって大きく異なり，有配偶者は20～30代の労働力率が6割台に落ち込むが，未婚者についてはM字の落ち込みはほとんどみられない。未婚者の増加は女性労働力を押し上げることになる。

　ただし，2010年以降は，有配偶者の中でも，特に子どものいる女性の労働力率の上昇が注目されてきた。末子の年齢別にみた母親の労働力率等を図表1-4に示した。12歳以下の子どものいる女性の労働力率が上昇しているが，中でも3歳以下の子どもがいる女性の労働力率は，1995年には3割に満たなかったが，2019年には61.1%へと大きく上昇した。増加が大きいのは週の労働時間が

図表1-4 　末子の年齢別，子どものいる世帯の母親の労働力率等

(%)

| | 末子年齢 | | | |
	0～3歳	4～6歳	7～9歳	10～12歳
1995年				
労働力率	28.6	48.9	58.7	69.6
非農林業雇用者比率	21.3	36.1	44.0	53.4
35時間未満	10.1	17.2	22.7	29.8
35時間以上	11.2	18.9	21.3	23.6
2005年				
労働力率	33.6	53.6	63.2	71.3
非農林業雇用者比率	28.8	45.9	53.3	62.9
35時間未満	16.1	27.6	32.2	37.1
35時間以上	12.7	18.2	21.7	25.9
2019年				
労働力率	61.1	73.0	79.9	81.3
非農林業雇用者比率	56.1	67.9	72.9	74.8
35時間未満	24.6	39.6	45.1	46.0
35時間以上	16.4	25.8	25.7	28.1

注1：数値は，子どものいる世帯（夫婦と子どもから成る世帯，及び，夫婦，子どもと親からなる世帯）総数を100とした割合
注2：休業者は労働時間別の人数には含めない
出所：総務省統計局「労働力調査」

図表1-5　第一子出産前後の妻の就業変化

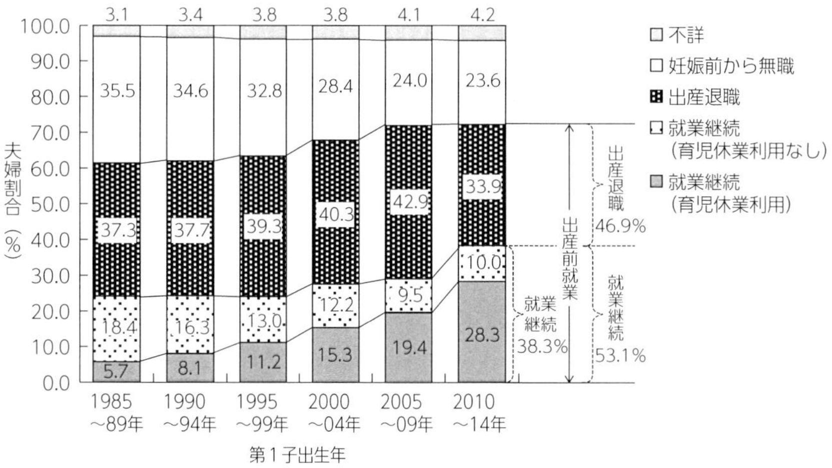

注：対象は子どもが1人以上いる初婚同士夫婦。出産前後については，第12回〜第15回調査の子どもがそれぞれ1歳以上15歳未満の夫婦を合わせて集計した。就業変化は，妻の妊娠判明時と子ども1歳時の従業上の地位の変化を見たもの
出所：国立社会保障・人口問題研究所「第15回　出生動向基本調査」

「35時間未満」の区分であるが，「35時間以上」の割合も近年は上昇傾向にある。

　このことは，妊娠・出産を経ても離職せずに継続就業する女性が2010年頃から増えてきていることを示すものである。第一子出産前後の妻の就業状態についてみると，出産後も継続して就業する割合は長い間25％前後で推移していたが，2010〜14年に出産した女性に関しては38.3％と大きく上昇した（図表1-5）。出産前に就業していた女性を母数にすると，出産による退職者を就業継続者が上回り，妊娠・出産に伴う女性の離職傾向が変化する兆しがあらわれてきたといえる。

⑶　M字型カーブの構造にみる課題

　出産・育児期にも就業を継続する女性が増え，M字型カーブの解消が視野に入ってきたが，同時にM字型カーブの中身を精査することも必要である。武石（2009）は，総務省統計局「就業構造基本調査」の1982年から2002年のデータ

図表1-6　男女別・年齢階級別，就業形態等の分布

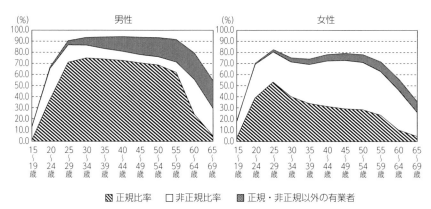

注：「正規」「非正規」は「会社などの役員を除く雇用者」の中の雇用形態である
出所：総務省統計局「平成29年　就業構造基本調査」

を用いて，上昇傾向にある女性のM字型カーブの中身について詳細に分析した。その結果明らかになったのは以下の3点である。

① M字型カーブの上昇がみられたが，その要因は未婚者の増加であり，有配偶・子どもありの有業者の増加はみられない

② 有業者の中でも非正規雇用が大幅に増加し，1992年以降，多くの年齢層で非正規化が進んだが，特に20代の若年層での非正規の増加が大きかった

③ 有業者の中で，企業定着が高いとみられる「前職なし有業者」の割合が低下傾向にあり，転職経験者，離職経験者の割合が高まっている

　上記①については，前述したように，近年子どものいる女性の就業継続が高まり，変化の兆しがみられている。特に②について，新しいデータで男性と比較したのが，図表1-6である。これは，正規・非正規という就業形態別の分布を年齢階級別にみたものである。男性は20代で非正規の割合が若干高いものの，30代から50代までは，有業者のうち非正規の割合は1割前後で，正規で働く者が圧倒的に多い。一方女性は，20代から30代前半までは非正規よりも正規

比率の方がわずかに高いが，それ以外の年齢は非正規比率が正規比率を上回り，男性に比べて圧倒的に非正規の割合が高い。就業形態という側面からみると，女性の就業拡大が非正規の増加と同時進行した点に留意する必要がある。

⑷ 女性の労働力上昇の制度的背景

女性の労働力率の上昇，中でも子どものいる女性の労働力率の上昇傾向について確認してきた。こうした変化の背景について考えたい。

企業の取組を後押ししている法政策は重要である。1986年施行の男女雇用機会均等法，及び，1992年施行の育児休業法（1995年に育児・介護休業法）が女性の就業に影響力をもつ極めて重要な法制度といえる。この内容については後述するが概要だけまとめておこう。

まず雇用の分野において性別により異なる取り扱いがなされることなく，女性に対して男性と同じ機会が与えられるべきという理念により，1985年に男女雇用機会均等法が成立し，1986年に施行された。男女の雇用機会均等を進めるためには女性の離職傾向に歯止めをかける必要があることから，男女雇用機会均等法には企業に対する女性を対象とした育児休業制度の導入が，努力義務規定として盛り込まれていた。その後，90年前後から社会的に注視された少子化傾向への対応策が強く求められるようになり，男女双方を対象とする育児休業制度が1991年に法制化される（1992年施行）。これにより仕事と育児の両立のための基盤が整えられた。さらに人口高齢化に伴う介護への対応も迫られる中で，育児・介護休業法に改正され（1995年），仕事と育児・介護との両立支援策が整備された。

しかし育児休業法施行後も，出産時の女性が離職する傾向に大きな変化はみられなかった。そこで両立支援をさらに加速させるための施策として，2005年に次世代育成支援対策推進法が10年間の時限立法として施行され，時限が切れる2015年から10年間延長されている。さらに2007年の「仕事と生活の調和（ワーク・ライフ・バランス）憲章」の制定など，「仕事と家庭（特に育児）の両立」から「仕事と生活の調和」という形に射程を広げて，女性のケア役割を軽減して，キャリア形成を図るための職場環境の整備が進められた。また，長

時間労働に起因した健康面，家族形成面などの問題が重視されるようになり，「働き方改革」が進められる。働き方改革において，女性特有の問題と考えられてきた仕事と生活の調和の課題が，男女共通の労働条件の基盤として認識されたことは，女性の働く環境に大きな影響を及ぼしたといえる。

女性の企業定着が高まることに伴いクローズアップされた課題が，定着した女性が単に長期勤続することにとどまらず，能力を発揮して男性と同様に管理職や役員に登用される状況をいかに作っていくか，ということであった。女性の能力発揮を積極的に進めるための施策に関しては，2016年4月に女性活躍推進法が施行された。これは，企業に対し，自社の女性雇用の状況を客観的に把握し，課題を把握した上で計画的な取組を進めることを求めるもので，後述する「ポジティブ・アクション」推進策と位置付けられる。同法の施行により，女性の採用や管理職登用などの現状への課題認識が高まり，企業の取組が加速してきたと評価できる。

(5) 女性の労働力上昇の社会的背景

こうした政策は，女性の活躍の重要性への認識が高まるという社会的な状況の中で進められてきた。これらの施策を後押しした社会的な背景として，第1に，人口構造の変化が重要である。日本の生産年齢人口（15～64歳人口）は，1996年以降減少に転じているが，今後はさらに労働力供給は制約される。厚生労働省・雇用政策研究会（2019）の推計によれば，政府が進める成長戦略などの政策が効果をあげずに経済成長が進まず，かつ現在の性・年齢階級別の労働力率が変化しない場合に，就業者数は今後大幅に減少すると見込まれている。男性の20代後半から50代はすでに100％に近い労働参加となっていることから，一定の労働力需要が存在すれば女性の労働力供給を増やすことが不可欠となる。少子高齢化による労働力供給の制約が，企業にとって極めて大きな経営問題の1つとなっている。労働力供給の構造的な変化に対応した人事戦略を検討しなければ，人材確保の観点から経営が成り立たなくなるという強い危機感が，労働力需要サイドである企業経営者に広がっている。

第2の背景としては，女性の能力発揮を進める上での，よりポジティブな側

面を指摘したい。2000年代に入って，「ダイバーシティ経営」を経営戦略・人事戦略に掲げる企業が増えている。これは，上述した人口構造の変化が1つの契機となったが，より重要な側面として，市場や技術の多様化に対応するために，人材の多様性を活かして企業の価値を高めるという経営的に積極的な意義を掲げている点があげられる。人材多様性には，性別だけでなく，年齢や国籍，ライフスタイルなど様々な側面があるものの，日本企業の現状では，能力発揮が十分とはいえないという意味で，潜在的な人材マーケットである女性への期待が高まっている。

　第3の背景として，企業の人材需要の変化に呼応して，労働力供給サイドの女性側で変化が起きている点も重要である。具体的には女性の人的資本の高まりをあげることができる。大学への進学率は男子よりも女子が低いが，短期大学と合わせると女子の方が若干高くなり，学歴という観点では，女性の人的資本の蓄積が男性と変わらない状況になってきた。ただし，女子の進学率が高くなっても，男女では専攻が異なる点が課題として残っている。製造業など女性が少ない産業では女性技術者などへの人材ニーズが高まっているが，女性技術者人材の母集団が少ないことが課題となっており，理系女子を増やすために女子高生に対して理系学部のある大学から働きかけるなど，大学サイドの取組も活発化している[1]。

　第4に，個人の意識の変化を指摘できる。内閣府「男女共同参画社会に関する世論調査」によると，女性が職業をもつことについて「子どもができても，ずっと職業を続ける方がよい」とする意見が，2016年度に初めて男女ともに5割を超えた（本書第6章，図表6-5参照）。就業継続を支持する割合は長い間4割程度で大きな変化がみられないままに推移してきたことを踏まえると，女性の就業継続を肯定する意見が近年になって大幅に増えたといえる。日本社会は，性別役割分業意識が強く，子育てに女性が専念すべきといった規範が根強いといわれてきたが，これに関しても近年になって変化が起きているといえよう。

3 雇用の場における男女間格差

⑴ 男女間賃金格差とその要因

　雇用の分野での男女間の格差は，賃金，職域，労働時間などの観点からとらえることができる。日本は，賃金や役職登用の面で男女間の格差が大きく，世界経済フォーラムが毎年発表する「ジェンダー・ギャップ指数（Gender Gap Index)」にみる日本の順位は低迷している。同指標は，各国の男女平等の程度を経済，教育，政治，健康の４分野で指数化するものであるが，近年の日本の総合指標の順位は調査対象国140か国あまりの中で100位を下回る順位が続いている。経済分野が労働におけるジェンダー・ギャップを示すが，経済分野においては，賃金，管理職比率の男女間格差が日本で大きく，順位を下げる要因となっている。

　男女間格差の研究は，賃金に関して多くの研究が行われてきた。男女間賃金格差は，職階や勤続年数などの影響を考慮する必要があり，厚生労働省（2010）では，男女間賃金格差の要因をコントロールするとどの程度格差が縮小するかを検討している。取り上げた要因の中では，「職階」が大きく寄与して格差の３割程度を説明し，「勤続年数」がそれに次いでおり格差の17％程度を説明する。つまり，男女の賃金格差の半分程度は，「職階」や「勤続年数」によって生じており，女性は管理職に就かない一般社員が多い，勤続年数が短いために男性に比べると賃金額が少ないという実態がある。賃金格差の推移を検討した朝井（2014）によると，所定内給与額の男女間格差は縮小傾向にあるが，その理由として，女性の高学歴化と勤続の長期化があげられている。

　川口（1997）は，男女間賃金格差の要因を，労働供給側と労働需要側に分類している。労働供給側の要因としては，人的資本，仕事に対する好みの差，家事労働の生産性の格差，地理的要因の４つを取り上げている。

　「仕事に対する好み」は「ヘドニック賃金仮説」（Rosen，1986）と関連する。これは，賃金と仕事内容や働き方等とをパッケージでとらえる考え方であり，

たとえば，女性が好む仕事が，仕事と家庭の両立をしやすい仕事であるとすると，両立しにくい仕事よりも低い賃金（負の賃金プレミアム）でもその仕事を受け入れるために賃金が低くなる，という仮説である。パートタイムなどの時間拘束が少ない働き方や，仕事と育児などの両立支援策や柔軟な働き方が，負の賃金プレミアムをもたらすことが明らかにされてきている（Heywood et al. 2007：鶴・他，2013：黒田・山本，2013など）。女性の家族的責任とのバランスを重視する意識や行動が，低い賃金を甘受する傾向につながる可能性を説明する。

　「人的資本」による格差は，学歴や年齢，勤続年数などをコントロールすることにより男女間賃金格差が縮小することから，格差の中の一定割合を説明する。時系列でみて男女間賃金格差が縮小しているのは，前述したように女性の高学歴化が進み，また女性の企業定着が高まることにより，人的資本の男女差が小さくなってきたことが重要な要因といえる。

　しかし，人的資本をコントロールしても男女間賃金格差は依然として大きなものがある。これを明らかにしようとしたのが山口（2017）である。山口は，ホワイトカラー正規雇用の男女間賃金格差のうち，学歴，年齢，勤続年数の人的資本により説明できる部分は35％にすぎず，職階（役職）と職業の説明力が41％と高いことを指摘する。特に職階の影響が大きく，人的資本が同じであっても昇進における男女不平等が男女間賃金格差を生んでいるという，労働力需要側の課題を提起している。

⑵　職域分離

　男女間賃金格差は，勤続年数や学歴等労働者の属性をコントロールすると，職種や職階の男女差の説明力が高い。職階と関連する昇進における男女差については，本書の第5章で詳述するので，ここでは職種の違い，つまり職域分離に注目する。

　職域分離は，まず採用が大きく関連する（第2章で詳述）。採用の男女間格差には，労働力需要側と労働力供給側の双方の問題が指摘できる。労働力需要面についてみると，採用の場面では女性よりも男性が選好されることが多いが，

これは後述する統計的差別により解釈ができる。一方で，女性の採用を進めようとしても，そもそも母集団に女性が少ない領域があるという労働力供給側の問題がある。従業員に占める女性比率が低い建設業や製造業などでは，土木や工学など大学での専攻において女性が少ない分野があり，女性の採用を増やしたくても増やせない状況にある。

大学の専攻は男女で偏りが大きく，科学・技術・工学・数学のいわゆるSTEM（Science, Technology, Engineering and Mathematics）分野において女性比率は低い。義務教育段階では男女間で学力差がないにもかかわらず，数学や理科に対して女子は否定的な態度を示すとされている。伊佐・知念（2014）は，女性が理系科目にネガティブな傾向を示す理由として，科学的知識それ自体にジェンダー・バイアスがあること（生物学でオスを基準にした研究を示す，など），家庭や周囲のジェンダー・イメージの反映，教室における教師－生徒や生徒同士の相互作用（理科の実験で男子が中心的な役割を担う，など）を指摘している。教育におけるジェンダー・バイアスが，大学進学時の専攻選択に影響し，職業選択・採用における男女の職域分離につながっている可能性がある。

配置における職域分離に関してみると，男性のみの配置が多いのが，「営業」や「生産，建設，運輸」などの部門である。生産部門などは，採用時に男女差が存在していることと関連している。一方で営業部門などの事務部門では，働き方や営業スタイルの現状から女性の受け入れに消極的な職場があり，それが職域の男女差を生んでいるという側面が大きい。

採用や配置は，男女雇用機会均等法の施行前後に導入されたコース別雇用管理制度，近年転勤等の問題に対応するために導入が進んできたいわゆる「（職種や異動等に関する）限定正社員制度」などとの関連にも注目する必要がある。異動の範囲を限定する社員区分では女性が多くなるという現状がある。脇坂（2018）は，男女間で配置転換の現状が異なり，配置転換の経験の男女差が昇進の男女格差につながっていることを示している。女性の配置転換が男性よりも制約されることにより，女性の職域が広がらない可能性がある。

⑶　雇用差別の理論

　労働市場においてなぜ男女格差が生じるのか，というのは伝統的な研究テーマである。川口（1997）は，需要側の理論を「差別の理論」としたが，労働需要サイドを問題にするとき，それは「なぜ事業主は男女差別をするのか」という問に転換できる。雇用差別の理論は，事業主の差別的嗜好に注目した「偏見による差別」（Becker, 1971）と，平均能力（もしくは能力の分散）における男女差を個々人に当てはめて個人の能力を判断する「統計的差別」（Phelps, 1972など）の2つが代表的な理論である。

　「偏見による差別」（Becker, 1971）では，事業主が女性労働者に対する偏見などの差別的嗜好をもっていることが，男女間格差の要因となっていると考えた。女性に対して差別的な嗜好をもつ事業主は男性を雇用することを選好するために男性に高い条件を提示することとなり，差別的な嗜好をもたない事業主は相対的に低いコストで男性と同等の能力の女性を雇用することができるために，差別的な嗜好をもつ事業主よりも利潤を得ることになると考えられる。

　これを実証した佐野（2005）は，日本では女性差別による過少雇用が存在し，市場が競争的でない産業の企業ほど女性差別が強い傾向を明らかにしている。また，Kawaguchi（2007）は，女性を多く雇用する企業で利益率が高いことから，偏見による差別の存在を指摘する。偏見による男女差別がある労働市場では，女性に対する偏見がない一部の事業主にとっては，質の高い女性を男性よりも低い賃金で雇用することができるために，利益率が高くなるということになる。この点で，偏見による差別は不合理な差別と考えられている。したがって，差別的な嗜好を持つ事業主はいずれ市場で淘汰されていくと考えられた。

　もう1つの「統計的差別理論」は，Phelps（1972）により最初に提示され，その後様々な議論が展開されるようになった（Arrow, 1973；Aigner & Cain, 1977など）。個々の労働者の生産性に関する情報が不完全な場合に，性別や人種などのグループ間で労働生産性などに平均的な違いが存在すると，事業主はグループの平均の違いに依存して個人の処遇を決定するという行動をとるとい

う考え方である。事業主に差別をするという意図はないが，結果として平均的にみて生産性の低いグループに属する個人は差別を受けることになる。「統計的差別」を男女差別に当てはめるときには，男女間の企業定着率の違いが問題とされる。女性は男性に比べると離職傾向が強いために，企業としてはそれがコストとなり，採用機会，長期的なキャリア形成ができる職種への配置，管理職への昇進機会などを女性に提供することを躊躇することになる。個別にみると，長期勤続する女性もいれば，短期で離職する男性もいるのだが，個々の情報に関して事業主が完全な情報を知りえないために，男女の勤続年数の平均値の違いなど統計的に把握できる傾向に基づいて個別の労働者の離職傾向を確率として予測して，グループ別に雇用管理が行われると考えられる。

　統計的差別理論においては，事業主の行動を，意図的な差別行動とは考えずに，情報の制約という状況下における経済合理的な行動とみる。長期勤続を前提に企業内で育成投資を行う場合，誰が長期に勤続するか不確かな状況下で，平均的に勤続年数が短い女性に対しては，人的投資水準を男性よりも低下させることが合理的な行動になる。性別によって離職行動が異なるという統計的事実を前提とすると，女性に対して男性並みに人的投資をすれば，結果として女性が辞めることによって事業主が損害を受けることになることから，男女で異なる取り扱いが行われても「合理的」とみなされる。

　しかし，男女格差問題を研究する山口は，女性の離職率の高さを予測して女性を排除することにより，女性の離職をさらに促進してしまう「予言の自己成就」が生じることになり，コストを抑えているようにみえて，結果として女性の離職リスクを高めるという点で不合理だと指摘する（山口，2008）。日本企業における女性活躍推進の負のスパイラル構造は，アメリカのシンクタンクの調査でも指摘されており，「仕事への意欲が低い→責任のないポジションに就く→責任感が低いというレッテルを貼られる→やりがいを感じることができず昇進もない→低い評価を受ける→仕事への意欲が低い」と，最初に戻っていく悪循環に陥っているという（Hewlett & Sherbin, 2011）。川口（1997）も，同様の悪循環の存在を「フィードバック効果」と指摘する。

　つまり，労働力需要サイドである企業側に男女差別が存在することは，「偏

見による差別」,「統計的差別」, いずれの理論においても, 事業主にとって, ひいては社会全体にとって有効な人材活用を阻害するという点で, マイナスになると考えられるようになってきた。

4　女性の活躍推進に関する政策の展開

⑴　重要な2つの流れ

　女性の活躍促進は, 2つの政策により進められてきた。第1に, 女性に活躍するための機会を与える機会均等政策, 第2に, 機会均等を進める前提として男女の就業パターンの違いを埋めるための就業支援策, 具体的には仕事と家庭の両立支援策である。

⑵　男女雇用機会均等政策

　雇用の分野における機会均等政策は, 1986年に施行された男女雇用機会均等法が重要な法的枠組みとなる。同法が成立するまでは, 女性は年少者とともに「保護」の対象として位置付けられ, 時間外労働や休日労働などに関する女性のみを対象とする保護規定があった。男女雇用機会均等法の議論では, 妊娠・出産にかかる母性保護を保証しながら, 女性一般に対する保護規定は撤廃して男女同一の基盤を確立することを進めることとし, 男女差別を禁止するための法的整備が行われた。

　現在の男女雇用機会均等法は, 募集・採用から配置・昇進・教育訓練, 退職までの雇用管理の各ステージにおいて, 事業主に対し, 性別を理由とする差別を禁止している。さらに, 性別以外の事由を要件とする場合でも, 実質的に性別を理由とする差別となるおそれがあるものについては「間接差別」として禁止している。具体的には, 合理的な理由がなく募集, 採用, 昇進, 職種の変更に当たって転居を伴う転勤に応じることができることを要件とするもの, などが間接差別に当たるとされている。また, 次に述べるポジティブ・アクションの実施など, 男女の雇用平等を実質的に進めるための包括的な取組を事業主

32

に求めている。

　一方で，母性保護は重視される傾向にある。妊娠・出産後の女性については，健康診査を受けるための措置を事業主に義務付けるなど母性健康管理を拡充するとともに，妊娠，出産，産休取得などを理由とする解雇などの不利益取扱いを禁止している。

　さらに，セクシュアル・ハラスメントやマタニティ・ハラスメント防止のために必要な措置を事業主に義務付け，女性の能力発揮を進めるための就業環境整備のための拡充を図ってきた。

⑶　ポジティブ・アクション

　男女雇用機会均等法は，男女に同等の機会を与えることを事業主に求めるものであるが，女性に対して男性と同じように機会を与えさえすれば女性がその機会を活かして活躍ができるかといえば，そのような現状にはなっていない。社会の中に根強く残る性別役割分業意識や，それをベースにしながら職場における男性のキャリアモデル（つまりケア役割を他の家族に任せて仕事に集中できる稼ぎ手労働者モデル）を前提に形作られてきた雇用慣行，組織の中のジェンダー規範など，女性がチャンスを十分に活かすことが難しい状況が存在しているからである。このため，1997年に改正された男女雇用機会均等法では，「女性のみを対象とする措置」を原則禁止としながら，女性が少ない分野で女性の機会を拡大することを目的に「女性のみを対象とする積極的な是正策」＝「ポジティブ・アクション」を行うことを奨励することとした[2]。

　「ポジティブ・アクション」には，性別を基準にして採用や管理職などに一定の人数や数を割り当てる方式である「クオータ制」，達成目標を決めてそのための計画を策定する「ゴール・アンド・タイムテーブル方式」があり，日本のポジティブ・アクションは，後者を前提に導入された。

　しかし改正男女雇用機会均等法で制度化されながらも，ポジティブ・アクションの導入率は頭打ちとなり，女性が働く環境整備には課題が多かった。2010年頃からは，労働力人口が減少局面に入る中でこれが企業及び社会全体の成長の制約条件になることへの危機感が高まり，政府の成長戦略の柱として女

性活躍推進が重要政策となる。ここで，企業の女性活躍推進策を一層推し進めるための法的な枠組みとして「女性活躍推進法」が成立し，10年間の時限立法で2016年に施行された。

　同法により，従業員数301人以上（2022年からは101人以上に対象が拡大）の民間企業，及び国の各府省や地方公共団体などにおいては，自社（団体）の女性の活躍状況を把握し，課題を分析して，女性活躍を進めるための行動計画を策定・届け出るとともに，女性活躍の現状についての情報公表を行うことが義務付けられた。女性の活躍推進に関する取組の実施状況が優良な企業は，申請により国の認定を受けることができる仕組みもある。

　女性の活躍を妨げる現状を分析するために，①採用者に占める女性比率，②平均勤続年数の男女差，③労働時間の状況，④管理職に占める女性比率，の4項目については，事業主が必ず状況把握をしなければならないこととした。これらの数値を把握した上で，さらに課題に優先順位をつけながら取組を進めることを企業に求める内容である。女性には向いていない，女性には難しい，という思い込みから女性の能力を十分活用していない分野が企業の中には多く残っている。法により，各企業で現状を正しく把握・分析し，必要な施策展開について企業に義務付けたことの意義は大きい。

⑷　両立支援と子育て支援政策

　前述のとおり日本では，男女の勤続年数の違いの大きさから，統計的差別が行われやすい雇用慣行があるため，女性が活躍するためには女性の離職防止策は不可欠である。そのための重要な政策として，仕事と育児・介護など家族的責任との両立を支援するための政策がある。

　出産・育児期に女性が離職することが女性のキャリア形成にとって重大なダメージになることへの課題認識，さらに1990年前後に大きな社会問題となった少子化への対応の必要性から，仕事と出産・育児を両立して女性が職業キャリアを継続できるようにするための法整備が，90年代以降進められた。一連の施策において，職場における両立支援策と，地域における子育て支援策の2つが重要な政策となる。職場において取り組むのは，従業員の「子育て」そのもの

図表1-7 出産から育児期の両立支援等の法律

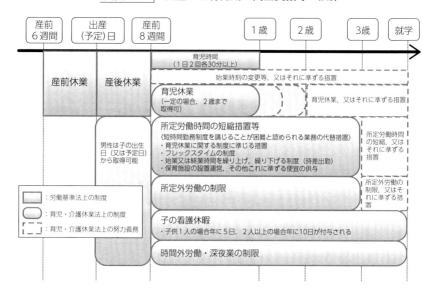

の支援ではなく，仕事と出産・育児との「両立支援」という観点が重要である。仕事をしないで育児に専念することを支援するのではなく，仕事上の責任を果たしつつ，出産・育児と両立できる働き方を目指すことが基本である。一方で，地域における子育て支援は，保育制度に代表されるように，就業などを理由に親が不在の時に親に代わって「子育て」を支援する住民サービスと位置付けることができる。

　両立支援策の柱は，1992年に施行された育児休業法である。同法は，一定の条件を満たせば男女共通に育児のための休業の取得を保障したものであり，両立支援策の充実に向けて大きな転換点となった。その後，1995年には介護休業制度が法制化され，育児・介護休業法となった。同法は，これまで法改正が繰り返し行われて現在に至っており，育児に関しては図表1-7が現行法のポイントとなる。

　労働者は，本人の申し出により，子が1歳に達するまでの間育児休業を取得でき，一定の範囲の期間雇用者（有期契約の雇用者）も対象となる。また，保

育所を希望しながら入所できないなど一定の理由があれば，1歳6か月まで，それでもまだ保育所の入所ができなければさらに2歳までの延長が可能になっている。育児休業制度を利用するのがもっぱら母親であることへの問題意識から，父母の両方が育児休業を取得すると育児休業が1年2か月に延長される「パパ・ママ育休プラス」制度もあり，男性の制度利用を促している。

　育児休業中の所得保障は，雇用保険制度に育児休業給付金制度が設けられ，支給額は，6か月間は原則として休業開始時の賃金の67%，6か月経過後は50%相当額となる。育児休業中は社会保険料の負担（本人分，事業主分）が免除される。

　3歳未満の子を養育する労働者については，短時間勤務制度の導入が事業主に義務付けられており，また労働者からの請求があれば原則として所定外労働をさせてはいけないなど，一定の措置が事業主に求められている。さらに，小学校就学前の子の病気やけがの看護，健康診断受診等の看護休暇も，子1人の場合は年間5日（2人以上は10日）が制度化されている。育児休業等の制度を利用したことによる不利益取扱いは禁止され，子育てをする男女が仕事を辞めずに働き続けるための条件整備が進んできた。

　また，仕事と育児の両立支援に関しては，次世代育成支援対策推進法が2005年に10年間の時限立法で施行され，さらに10年間の延長が行われ，現行法は2025年までとなっている。同法は，事業主に仕事と子育ての両立支援の環境整備等に関する行動計画の策定，届出，公表等を求めるという内容で，従業員規模101人以上の民間企業及び国の各府省や地方公共団体については義務，100人以下の企業は努力義務となっている。一定の基準を満たした企業の認定制度の仕組みもある。認定の要件として男性の育児休業取得が含まれていることが，男性の育児休業取得の気運醸成につながったという効果が指摘できる。

　地域における子育て支援策には多様なメニューがあるが，ここでは女性の職業キャリアと関連する施策に関して取り上げることとする。

　1990年代以降の少子化傾向への強い危機感から，1994年の「今後の子育て支援のための施策の基本的方向について（エンゼルプラン）」，1999年の「新エンゼルプラン」において，保育等子育て支援サービスの充実，仕事と子育て両立

のための雇用環境整備，働き方についての固定的な性別役割や職場優先の企業風土の是正等の推進を行うこととされた。しかし，その後も少子化傾向，育児期を中心に女性が離職する傾向には変化がみられず，2004年「少子化社会対策大綱に基づく重点施策の具体的実施計画について（子ども・子育て応援プラン）」，2010年「子ども・子育てビジョン」の策定と，子育て支援のための政策が次々と掲げられながらも，子育て環境が大きく改善する状況には至ってこなかった。

　2015年4月からは，いわゆる「子ども・子育て支援新制度」が開始された。子育て支援充実のために，消費税引き上げにより一定の財源を確保し，市町村が主体的に地域の子育て支援を行う仕組みを整備して，幼児教育・保育・子育て支援事業などの量・質の拡充を図るというものである。また，地域の幼稚園と保育園の機能を一体化して親の働き方にかかわらず利用できる「認定子ども園」の普及，小規模保育などの活用により待機児童解消を図ること，一時預かりや放課後児童クラブを充実することなど，多様な子育て支援策の整備を進めることがその主な内容となっている。

　特に近年，都市部を中心に，認可保育所への入所を希望しながら希望がかなわない待機児童の問題が注目されている。出生数は減少しているにもかかわらず，働く母親の増加により保育所を利用する児童数は増加傾向にあり，保育所を整備しても待機児童が減らない状況になっている。認可保育所は，児童福祉法に基づき設置されており，施設の広さや職員数，給食などの各種施設の基準を満たしていることが求められるが，都市部では，この基準をクリアする保育所を増やすことが物理的に難しい現状にある。そのため，自治体が独自の基準を決めて認定する仕組みを導入しており，東京都の「認証保育所」，横浜市の「横浜保育室」などの例がある。また，企業においても，自社の従業員の出産後の円滑な職場復帰のために保育所を設置する動きがみられており，育児をしながら働く労働者の子育て支援策の充実が，様々な主体により展開されてきている。保育サービスの充実のためには保育士の確保も必要なことから，保育士の養成や処遇の改善は緊急度の高い課題となっている。

5　女性のキャリア形成のために求められること

　最後に，女性のキャリア形成における課題についてまとめておきたい。

　まず，女性の就業を取り巻く支援制度の充実により，近年になって出産・育児を理由に離職する女性が減少し，継続就業者が増えてきた。男性と比べて女性は短期勤続であるという事実は，長期継続雇用を前提に成立してきた日本企業の雇用管理の仕組みにおいて，女性のキャリア形成の桎梏となり，女性の採用や育成に対して企業が消極的になる「統計的差別」を生んできた。女性が定着して男性と同様に勤続することは，統計的差別の解消をもたらすと考えられ，女性の能力発揮のための重要なポイントである。

　しかし，マクロデータでみると，働く女性が増えながらもその質が男女で大きく異なっている現状があり，この点を注視する必要がある。M字型カーブの谷の部分が上昇し女性の企業定着が高まってきたとはいえ，男女の就業の実態には大きな差がある。女性の非正規比率は高く，正規労働者であっても，管理職に占める女性比率の上昇が遅々として進まないなど，女性の能力発揮という観点からの問題は依然として大きい。日本のジェンダー・ギャップ指数が先進国の中では最低の水準にあることからもわかるように，日本の女性労働に関する指標は改善の方向にあるとはいえ，グローバル視点でみるとその速度は遅く，相対的な順位が低下している。労働市場における男女の不平等の大きさをあらためて認識しなくてはならない。

　そのためには，統計的差別の解消は必要であり，女性の勤続を支援して継続的なキャリア形成を可能にする必要がある。ただし，女性が活躍するために男性正社員モデルに女性が合わせていくことが期待されるとすれば，女性の活躍推進には限界があるだろう。たとえば管理職に占める女性比率の低さには，女性の昇進意欲の低さが原因にあるとされる。しかし，その背景には，管理職の長時間労働などの働き方の問題や，昇進のプロセスにおいて転勤などが求められるというように，一部の女性しか対応ができないような働き方の状況にあることに留意しなくてはならない。Kato et al.（2013）は，女性の昇進確率を高

める要因として労働時間が長いことを指摘しており，これは男性にはあてはまらないことから，女性の昇進には長時間労働による仕事へのコミットメントをシグナルとして示していくことが重要であるとし，統計的差別を回避するため，女性は働きぶりによって仕事への意欲を示すことが求められていることを示唆した。従来の男性のような働き方ができる女性しか活躍できないとすれば，女性労働者は増えても「活躍」からは程遠い状況になっていくだろう。

　女性の能力が発揮されるためには，女性の定着率が高まるだけでは不十分で，配置や育成において女性にもチャンスが与えられ，そのチャンスを活かして活躍したいという女性が増えることが必要である。しかし，若年女性の非正規化が男性に比べて高い水準を示しており，正規雇用の機会が女性には十分に提供されていない実態がある。また，配置や昇進における男女差は大きいの現状があり，職場マネジメントにおいても女性の活躍を阻む意識や慣行が根強い（武石，2017）。山口（2017）は，女性の活躍推進の遅れの要因を，強い雇用保障，年功賃金と退職金制度を核とする賃金制度に特徴付けられる日本的雇用制度・慣行に求めており，労働の分野で男女に同じ機会が与えられていない日本の労働市場について問題提起している。

　女性がキャリアを形成してもてる能力を発揮できるようにするために，あらためて男性正社員モデルの働き方，それを支える処遇や育成などの人事施策のあり方を問い直すことが必要になっている。

POINTS

◆　女性の就業ニーズは男性に比べると多様であり，国際比較によっても女性の労働力化などの進捗には差がある。日本の女性の就業率の上昇や男女間格差の縮小は，欧米諸国に比べて進捗が遅い。

◆　近年女性の労働力率が上昇し，特に子どもを持つ女性の就業継続の傾向が高まっている。この背景として，労働力需給バランスの動向，労働力需要サイドにおけるダイバーシティ経営下での女性活躍の推進，労働力供給サイドの高学歴化や意識の変化などの要因があげられる。

◆　ただし，女性の非正規化は進み，賃金や雇用管理において男女間の格差

は大きく，その背景には労働力需要サイドに性差別を生む制度や働き方の現状が存在していることが考えられる。

◆　女性の円滑なキャリア形成を進めるために，機会均等政策と両立支援・WLB政策に関して重要な法制度が整備されてきており，これが，女性の就業状況の改善に一定の効果があったとみることができる。女性活躍推進策を含めたキャリア支援の取組が定着するためには，男性モデルの働き方をどれだけ変えることができるか，が課題となる。

注

1　内閣府では，「理工チャレンジ」として，理工系分野の女性が活躍している大学・企業などの団体を紹介している。

2　「ポジティブ・アクション」は欧州で使われる呼称で，アメリカなどでは「アファーマティブ・アクション」いう。日本でポジティブ・アクションを導入するにあたって海外の制度や運用の実態を紹介した文献として，㈶東京女性財団（1996）がある。

参考文献

朝井友紀子（2014）「労働市場における男女差の30年－就業のサンプルセレクションと男女間賃金格差」『日本労働研究雑誌』No.648，pp.6-16.

伊佐夏実・知念渉（2014）「理系科目における学力と意欲のジェンダー差」『日本労働研究雑誌』No.648，pp.84-93.

川口章（1997）「男女間賃金格差の経済理論」中馬宏之・駿河輝和 編『雇用慣行の変化と女性労働』東京大学出版会，pp.207-241.

黒澤昌子（2012）「アメリカにおけるワーク・ライフ・バランス」武石恵美子 編著『国際比較の視点から日本のワーク・ライフ・バランスを考える－働き方改革の実現と政策課題』ミネルヴァ書房，pp.185-211.

黒田祥子，山本勲（2013）「ワークライフバランスに対する賃金プレミアムの検証」*RIETI Discussion paper Series*, 13-J-004.

厚生労働省（2010）『男女間の賃金格差解消のためのガイドライン』.

厚生労働省・雇用政策研究会（2019）『雇用政策研究会報告書－人口減少・社会構造の変化の中で，ウェル・ビーイングの向上と生産性向上の好循環，多様な活躍に向けて』.

佐野晋平（2005）「男女間賃金格差は嗜好による差別が原因か」『日本労働研究雑誌』No.540，pp.55-67.

㈶東京女性財団（1996）『諸外国のアファーマティブ・アクション法制－雇用の分野にみる法制度とその運用実態』.

高橋美恵子（2012）「スウェーデンにおけるワーク・ライフ・バランス―柔軟性と自律性のある働き方の実践」武石恵美子 編著『国際比較の視点から日本のワーク・ライフ・バラン

40

スを考える−働き方改革の実現と政策課題』ミネルヴァ書房，pp.295-329.

武石恵美子（2009）「女性の就業構造−M字型カーブの考察」武石恵美子 編著『女性の働きかた』ミネルヴァ書房，pp.11-43.

武石恵美子（2017）「労働研究における女性の昇進問題」『大原社会問題研究所雑誌』No.703, pp.2-16.

鶴光太郎，久米功一，大竹文雄，奥平寛子（2013）「非正規労働者からみた補償賃金−不安定雇用，暗黙的な正社員拘束と賃金プレミアムの分析」RIETI Discussion paper Series, 13-J-003.

樋口美雄（1991）『日本経済と就業行動』東洋経済新報社.

山口一男（2008）「男女の賃金格差解消への道筋−統計的差別の経済的不合理の理論的・実証的根拠」『日本労働研究雑誌』No.574，pp.40-68.

山口一男（2017）『働き方の男女不平等−理論と実証分析』日本経済新聞出版社.

脇坂明（2018）『女性労働に関する基礎的研究―女性の働き方が示す日本企業の現状と将来』日本評論社.

Aigner, Dennis J. & Glen G. Cain（1977）"Statistical Theory of Discrimination in Labor Markets," *Industrial and Labor Relation Review*, Vol.30, No.2, pp.175-187.

Arrow, Kenneth（1973）"The Theory of Discrimination," in Orley Ashenfelter & Albert Rees（eds.）, *Discrimination in Labor Markets*, NJ: Princeton University Press, pp.3-33.

Becker, Gary S.（1971）*The Economics of Discrimination*, Chicago：The University of Chicago Press.

Blackburn, Robert M., Jude Browne, Bradley Brooks & Jennifer Jarman（2002）"Explaining Gender Segregation," *British Journal of Sociology*, Vol.53, No.4, pp.513-536.

Esping-Andersen, Gosta（1990）*The Three Worlds of Welfare Capitalism*, Princeton: Princeton University Press.（岡沢憲芙，宮本太郎 監訳（2001）『福祉資本主義の三つの世界―比較福祉国家の理論と動態』ミネルヴァ書房）.

Hakim, Catherine（2000）*Work-Lifestyle Choices in the 21st Century：Preference Theory*, Oxford: Oxford University Press.

Hewlett, Sylvia A. & Laura Sherbin（2011）*Off-Ramps and On-Ramps Japan : Keeping Talented Women on the Road to Success*, Center for Work-Life Policy.

Heywood, Jhon., W. Stanley Siebert & Xiangdong Wei（2007）"The Implicit Wage Costs of Family Friendly Work Practices," *Oxford Economic Papers*, Vol.59, No.2, pp.275-300.

Kanter, Rosabeth M.（1977）*Men and Women of the Corporation*, New York：Basic Books.（高井葉子 訳（1995）『企業のなかの男と女』生産性出版）.

Kato, Takao, Daiji Kawaguchi & Hideo Owan（2013）"Dynamics of the Gender Gap in the Workplace : An econometric case study of a large Japanese firm," *RIETI Discussion paper Series*, 13-E-038.

Kawaguchi, Daiji（2007）"A Market Test for Sex Discrimination：Evidence from Japanese firm-level panel data," *International Journal of Industrial Organization*, Vol.25, Issue3, pp.441-460.

OECD（2012）*Closing the Gender Gap*：Act Now.（濱田久美子訳（2014）『OECDジェン

ダー白書－今こそ男女格差解消に向けた取り組みを！』明石書店）．

Phelps, Edmund S. (1972) "The Statistical Theory of Racism and Sexism," *American Economic Review*, Vol. 62, No. 4, pp.659-661.

Rosen, Sherwin (1986) "The Theory of Equalizing Differences," in Orley Ashenfelter & Richard Layard (eds), *Handbook of Labor Economics*, Amsterdam : Elsevier Science Publishers, pp.641-692.

第 2 章

採用と就職

　最近まで，日本企業とりわけ大企業は，中核人材として主として男性を正社員として採用，育成し，定年まで継続的に雇用する人材活用策を継続してきた。しかし，今後の労働力人口の減少を見据えると，継続的に勤務できる男性だけでなく多様な人材を活用していく必要がある。序章で述べられているように，女性のキャリア形成支援は極めて重要度の高い施策である。

　女性のキャリア形成を支援するためには，女性を正社員として採用，育成し，定着させ，活躍できる仕組み作りが重要である。しかし，日本企業の正社員採用における男女の割合に着目すると，業種や「雇用区分」において女性が少ないという偏りがみられる。その背景には，企業が女性の採用に消極的になる「統計的差別」や女性自身が持つジェンダー・バイアス，それに伴って大学などでの専攻分野に男女間で差異が存在していることなどいくつかの要因が考えられる。

　また，大学生の就職活動や就業に関する意識も男女で差がみられる。ワーク・ライフ・バランスが浸透し，片働き世帯よりも共働き世帯が多い現代においても「結婚や出産で仕事を辞める」と考える女性は少なくない。このように仕事における見通しが短い傾向が，職業選択や入社後の行動にも影響を及ぼしていると考えられる。

　こういった現状を踏まえると，女性のキャリア形成を支援し，能力発揮を促すためには入社後に企業が努力するだけでなく，入社前を含んだ社会的な取組が必要である。

1 　女性のキャリア形成と採用の関連と現状

⑴　女性のキャリア形成における採用の重要性

　女性がキャリアを形成できている状態とは，働き続けたいと考えている女性が自身の能力を発揮しながら働き続けることができている状態と考えられる。働き続けられていたとしても能力が発揮できていない状態であったり，能力が発揮できたとしても働き続けられない状態は，キャリアが形成できているとは言い難い。女性が継続して職業キャリアを形成できる状態を実現することがキャリア支援である。

　女性がキャリアを形成した成果の1つとして，管理職への登用がある。管理職への登用は女性が能力発揮できている状態の1つであることから，女性活躍と「管理職に占める女性の割合」を向上させることを同義ととらえることもある。しかし，それは女性活躍を極めて狭くとらえた考え方である。「管理職に占める女性の割合」は，男性との雇用管理の格差，すなわち女性の能力発揮状態を把握するための結果指標の1つと位置付けられる。企業が女性のキャリアを支援した結果，「管理職に占める女性の割合」が向上していれば女性のキャリア形成が以前より進んだと考えられるなど，把握しやすく，わかりやすい指標でもある。

　企業が「管理職に占める女性の割合」の向上を目指そうとする場合，現在の女性従業員の中から管理職の適性がある者を登用するというのも1つの方法であり重要な視点である。管理職は管理職候補となる従業員から選定され，登用される。女性が少ない企業は管理職候補も少なく，適性がある者を登用するとその後の登用が難しくなってしまう場合もある。そこで，女性管理職が少ないという問題を解決するためには，管理職候補となる女性を増やす必要がある。管理職候補となる女性を増やすためには，女性を積極的に採用することが出発点となる。

　労働政策研究・研修機構（2011）によれば，管理職に占める女性の割合向上

に向けた取組として企業が最も多く実施しているのが，「新規採用時における女性の積極的な採用」である。女性活躍推進法の事業主行動計画の作成において，「採用した従業員に占める女性の割合」が女性の活躍状況を把握するための基礎的な項目と位置付けられているのも，この指標が重要と考えられるからである。

　日本企業，とりわけ大企業の雇用管理の特徴を簡単に説明すると，新卒者を採用し，職場に配置してOJTなどによって能力開発を行い，さらには職場内や職場間の異動などによって幅広い職業能力を身に付けさせ，その能力や仕事上の成果を評価し，その評価を昇進・昇格に活用し，管理職への登用を行う，というものである。この雇用管理の一連の流れにおける女性の能力発揮の結果指標の1つが「管理職に占める女性の割合」である（武石，2017）。男女の勤続志向や潜在能力に大きな差がなく，雇用管理も男女の別なく行われており，両立支援により男女の勤続年数に差がないと仮定すれば，「採用した従業員に占める女性の割合」と「管理職に占める女性の割合」は大きく異ならないと考えることができる。採用時と管理職登用時の男女構成が異なっている場合には，採用から管理職に至るまでのプロセス，例えば能力開発や両立支援などに何らかの課題があるために，管理職に登用される女性が少なくなっていると考えることができる。

　この採用から管理職登用までの一連の流れを管理し，女性の管理職登用に向けての「パイプライン」を構築することによって，女性が能力を発揮できるようにしようとする企業の取組もある。女性の能力発揮状態をチェックする際の出発点となるのが「採用した従業員に占める女性の割合」である。

⑵　採用における性差の状況：業種による差

　厚生労働省「平成26年度雇用均等基本調査」[1]によって採用時の男女割合を確認したい。図表2-1は，四年制大学卒（大学院卒を含む）を採用した企業を100として，男女別の採用状況を年次比較したものである。事務・営業系では，男性のみ採用する企業の割合が年々減る一方で，男女ともに採用する企業の割合が増えている。技術系では，2006年度と2014年度を比較すると男女とも

46

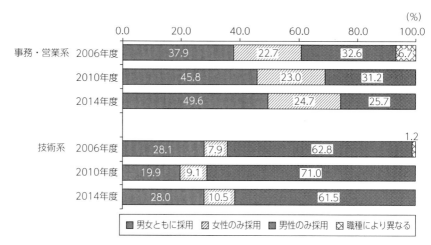

図表2-1 四年制大学卒男女採用状況の年度推移

出所：厚生労働省「雇用均等基本調査」

に採用する割合が増えているものの，リーマンショックで採用を控えた企業が多かった2010年度は男性のみの採用が71.0%であり，2014年度においても男性のみ採用している企業が未だ61.5%と半数を超えている。

　武石（2017）は「雇用均等基本調査（平成26年調査）」のデータから，採用活動を行った企業のうち男性のみ採用をした企業の業種は，主に建設業，運輸業，郵便業，製造業であることを指摘している。高崎・佐藤（2014）は上場企業の採用に関する分析によって，金融，小売，サービス業は，製造業に比べると大卒新入社員に占める女性の割合が高いことを指摘している。これは，金融，小売，サービス業では技術系社員に比べて事務・営業系社員を，製造業では事務・営業系社員に比べて技術系社員を新卒採用において多く採用することに起因すると考えられる。さらに製造業の中でも，電機・機械や素材を扱う製造業は，食品や医薬品を扱う製造業に比べると大卒新入社員に占める女性の割合が少ない（高崎・佐藤，2014）。

　このように，新卒で採用した従業員における女性の割合は業種によって異なっていることがわかる。

図表2-2　採用時の男女割合（コース別）

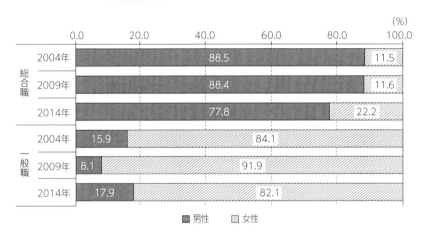

出所：厚生労働省「コース別雇用管理制度の実施・指導状況」

⑶　採用における性差の状況：雇用区分による差

　男性は基幹業務を担うために採用され，女性は補助的な業務を担うために採用されるという考えが高度成長期においては主流であった（詳細は第6章を参照のこと）。1986年に施行された男女雇用機会均等法に対応するため，大企業を中心に男女別の採用区分に代えて「コース別」の採用区分が設定された。基幹業務を担い管理職への昇進も期待される職である「総合職」への応募機会を女性にも開き，他方，総合職を補助する女性を主に想定した「一般職」といったコース区分を設定して，いわゆる「コース別雇用管理」を行うようになった。「コース」は労働者が主体的に選択することになっており，いずれかの「コース」によって性別は分離されるものではないという前提があり，これにより性別にかかわらない雇用管理の形式は整えられたことになる（佐藤，1999）。

　厚生労働省「コース別雇用管理制度の実施・指導状況」[2]（図表2-2）によれば，2014年時点で総合職として採用された者に占める女性の割合は22.2%である一方で，一般職として採用された者に占める女性の割合は82.1%である。2004年と比較した場合，総合職は女性の割合が多くなっているが，一般職は男

女の比率がほとんど変わっていない。つまり，総合職として採用される者は男性が多く，一般職として採用される者は女性が依然として多い状況である。

2014年時点での採用倍率（応募者人数÷採用者人数）は，総合職では男性が30倍，女性が44倍，一般職では男性が11倍，女性が23倍である。全体の傾向でみる限りにおいて，総合職，一般職いずれの場合も男性に比べて女性は採用倍率が高くなっている。つまり，いずれのコースにおいても女性は男性に比べると採用において不利な状況にあるといえる。

⑷　採用時に性差が生じる背景

企業における女性のキャリア支援のスタート地点ともいえる採用であるが，そのスタート時点で採用者の男女割合が異なる理由には，いくつかの要因が考えられる。

企業の採用をはじめとする雇用管理においては，「統計的差別」が起こりうることが指摘されてきた（詳細は第1章）。例えば，採用面接において面接官の「当社でいつまで働くつもりか」という趣旨の質問に対して学生が「定年まで働きたいと思っている」と回答したとしよう。この回答が本心から発せられているかどうかは学生本人にしかわからず，面接官はその本意を見分けることは難しい。このような場合に，男性は結婚などのライフイベントに直面しても辞めない傾向があるため学生の回答は真実だととらえられることが多いが，女性は結婚や出産などのライフイベントに直面すると辞める傾向があるため，女子学生の回答は「面接のための方便」ととらえられてしまうことがある。新卒採用者が，長期的に勤務することを前提に人材育成などの雇用管理の仕組みが作られている日本企業では，長期的な勤続が見込めない人材の採用を控える可能性が高い。その結果，男性を優先して採用する傾向があり，採用時の割合も男女差が生じる。

図表2-1で確認したように，新卒採用において「男性のみ採用」という企業も一定の割合存在している。厚生労働省「雇用均等基本調査」では「男性のみ採用」の企業に対し理由を尋ねている。その理由として，「女性の応募がなかった」と回答する企業が多数を占めている。

　女性の応募者数がない，あるいは少ない状況が生まれる要因として考えられるものの1つに，大学や大学院において専攻分野における男女の偏りがある。文学部は女性が多く男性が少ない，工学部は男性が多く女性が少ないというように，大学の専攻分野は男女で偏りが大きい[3]。業種によって従業員に求める専門性や必要な知識が異なることから，採用したい人材の出身学部の特徴に差異が生じる。したがって，業種によって新卒で採用した従業員における女性割合に差がある状況は，新入社員の出身学部の構成差で説明が可能である（高崎・佐藤, 2014）。例えば，大手製造業では，技術系総合職として工学をはじめとする理系の大学院（修士課程）を修了した学生を多く採用することが多い。理系大学院に所属する女性は少ないため，技術系総合職への女性の応募は増えず，結果として採用数も増えない状況が続いている。

　近年，技術系だけでなく生産現場などの技能系職種に大卒者が就職することが増えているが，技能系職種を希望する女性も少ない。技術系・技能系を希望する女性が少ない背景には，男性中心の価値観や風土の職場を敬遠する女性が多いことがあると考えられる（武石, 2017）。男性中心の職場を敬遠してしまう理由として，ジェンダー・ステレオタイプの影響が考えられる。幼少期からの観察や経験によって社会的に形成されるジェンダー・ステレオタイプは，職業選択に影響を及ぼし性別職業分離を生む心理的な要因になることが指摘されている（Oswald, 2003）。安達（2016）は，異性の職域，異性のすることというステレオタイプをもつことによって，その業界や職種について調べたり，情報を得たり，試したりする前に自己効力を低下させると指摘する。異性が多いとイメージがある業界や職種は自分の能力や適性ではなく，社会的にみた自分の性別がふさわしくないという理由から敬遠する女性も多いと考えられる（Adachi, 2014）。このジェンダー・ステレオタイプの影響は，職業選択だけでなく先に述べた大学の専攻分野の選択すなわち進路選択にも影響を及ぼしており，大学の専攻分野選択に対する影響は職業選択，企業選択にも直結すると考えられる。

　以上のように，企業の採用者数の男女の割合に差が生じる要因は，採用時の企業側の要因だけでなく，採用される女性側にも要因が存在している。採用時

点で男女の割合に差が生じないようにするという企業の努力も必要であるが，それだけでは改善できない部分も多い。大学進学時などにおける学部や学科の選択に関する個人側の意識だけでなく，社会全体での取組が望まれる。

2 企業の採用管理と学生の就職活動

　企業の採用者に占める男女の割合は，入社後の女性のキャリア形成状況を左右する初期値となるが，採用管理の結果指標でもある。採用管理はどのようなプロセスで行われるのか，採用管理の流れについて確認するとともに，採用される側である大学生の就職活動について概観する。また，それぞれに関して，留意するポイントを述べる。

⑴　採用計画

　採用管理の最初のフェーズである採用計画は，退職者数，企業内の各部門で要求される人員数，中長期的な経営計画を踏まえて必要な労働力を見通し，採用する人員の計画を立てることである。

　採用計画を立案するためには，事業を継続するために必要で適正な人員量の把握，加えてその人員で担う仕事内容と雇用形態までを考慮・把握することになる。企業が必要とする労働サービスの質が明確になれば，それを満たす人的資源を加味し，より細かな採用計画の立案が可能になる。例えば，職務遂行のためのスキルを持ち合わせ，必要な労働サービスを入社後早い段階から提供できるような人材がどの程度必要なのか，職務遂行のためのスキルは持ち合わせていないものの，中長期的な人材開発を行っていくような人材がどの程度必要なのかを明確にすることによって，中途採用と新規学卒採用の比率や具体的な人数を決定することができる。さらに言えば，どのような雇用形態でどのようなスキル，人的資源を持ち合わせた人材をいかに活用するのかを明確にすることで，採用すべき人材の雇用形態や人材像，人数が明確になる。

　女性のキャリアを支援するという観点から言えば，女性を積極的に採用したいと計画する場合もあると考えられるが，男女雇用機会均等法では，「労働者

の募集及び採用に係る性別を理由とする差別を禁止」していることに留意する必要がある。採用計画の段階で，「総合職」は男性のみ「一般職」は女性のみと予め決めることはもちろん，採用人数を男女別に計画することも法律違反とみなされる[4]。ただし，特定の雇用区分や職種において男性従業員に比べて女性従業員が4割を下回っている場合は，格差を是正することを目的として女性を有利に取り扱うこと（ポジティブ・アクション）は法律違反とはみなされない。一方で，男女雇用機会均等法の趣旨から，すでに女性が多い分野（4割を超える分野）で女性優遇策を実施することは望ましくないことに留意が必要である。

　男女間で雇用状況の差が認められ，女性の従業員を採用したいと考える場合は，ポジティブ・アクションによって女性を積極的に雇用する旨を表記することができる。その場合，「将来の望ましい女性の割合」から逆算するなどして，採用時点で女性を一定数確保するなどの目標を設定することになる。例えば，自社に望ましい「管理職に占める女性の割合」があれば，それを達成するために，管理職になるまでの定着予測（今後の女性の就業環境整備を進めた場合の変化を含めた予測）をし，その上で新卒採用の計画を設定することになる。

⑵　採用活動

　企業は採用計画に基づき採用活動を行う。採用活動は，求人広告などを出すことで人材を募集し応募者を集めるという募集段階と，応募者の中から採用する人材を決定する選考段階に分けられる。

　募集段階のゴールは，採用候補者集団を形成することである。候補者集団の中に自社に必要な労働サービスを提供できるような人材が含まれるよう募集方法（情報を発信するメディア，情報内容など）を工夫する必要がある。新規学卒採用（大卒）の場合，リクルーターと呼ばれる社員が母校に行き，直接説明会を開くなどの方法で採用候補者を募る場合もあるが，2000年頃からは民間の就職ナビサイト，自社の採用サイトに求人情報を掲載し，そこからエントリー（資料請求や企業説明会への申し込みなど）をしてくる学生によって採用候補者集団が形成されるのが一般的である。近年では，従業員からの紹介（リファラル採用）や新卒紹介といった新たな採用ルートもある。

図表2-3 採用管理とそのフェーズ

選考段階のゴールは，採用候補者集団の中から採用する人材，すなわち自社が必要とする労働サービスを提供できそうな人材を見極め，決定することである。長期的人材開発を視野に入れた新規学卒採用では，人材開発することで必要な労働サービスが提供できるようになる可能性（訓練可能性）が高い人材を選考プロセスにおいて見極める。新規学卒者の採用において採用担当者は，エントリーシート，知的能力や性格・態度に関する筆記（Web）検査，グループディスカッション，集団面接など様々な方法を用いて，応募者の可能性を見極め，採用者を決定する。

女性のキャリア支援の観点からこのプロセスを検討すると，採用活動の各フェーズで男女の割合が適正に保たれているかどうかを意識する必要がある。第1のチェックポイントは，募集段階のゴールである採用候補者集団を形成（いわゆる母集団形成）した時点であり，その時点で女性が適正な割合で含まれているかどうかを意識する必要がある。前述の通り，業種によっては応募者に占める女性の割合が少ないことがあるため，まずは自社の業種における適正な男女割合を把握することが必要である。母集団形成時点で男女割合が適正でない場合，募集方法に課題がある可能性がある。

第2のチェックポイントは各選考段階における選考通過者の割合である。選考通過者の性別に偏りがある場合，選考方法に課題があった可能性がある。例えば，企業説明会から選考へ進む際の辞退者に男女差がある場合，説明会での

情報提供の内容に課題があることがある。また，一次面接から二次面接に進む際の選考通過者の割合に男女差がある場合，面接を担当した者に課題があることも考えられる。

　さらに，ポジティブ・アクションとして女性の応募を促したい場合は，まず女子学生などに対して企業の認知度を高めるために，採用のターゲットとする女性が手にするような媒体に求人広告を掲載したり，就職フェアなどに積極的に出展するなどの工夫が考えられる。また，求人広告に使用する写真や記事の内容にも工夫，配慮することが望ましい。近年では，求人案内の案内パンフレットなどに，女子学生からの関心が高い両立支援などの人事施策を紹介したり，すでに活躍している女性社員を紹介する，といった対応が行われている。選考段階では，面接官に女性が一人も含まれていなければ女性が能力を発揮できない企業だという印象を応募者がもつ可能性があることも指摘されている（Ryan & Wessel, 2009）。面接の質問内容に留意することはもちろん，選考の方法も工夫が求められる。

⑶　就職活動

　一方，応募者の観点からこのプロセスをとらえると「就職活動」のプロセスということになる。

　新卒採用についてみると，日本の生徒・学生は遅くとも学校生活の最終学年の間に就職活動を行い，卒業後に所属する場所を決定して，卒業と同時に就職先で働き始める。従来，高校卒業後就職する場合は，学校側が生徒の希望や学業成績に基づいて就職先を決定し，企業に推薦するという「学校経由の就職」が主流であった。大学の場合は，理工系など研究室や大学からの推薦を得て就職先を決定するケースもあるが，民間企業が運営するインターネットの就職ナビサイトや各企業の採用サイトに掲載された求人広告を見て自由に応募し，卒業後の就職先を決定するのが一般的となっている。

　前述のように，コース別雇用管理制度がある場合に，男性は総合職に応募する者が多いが，女性は総合職に応募する者も一般職に応募する者も存在するというように，性別によって応募する雇用区分が異なる傾向がみられている。総

54

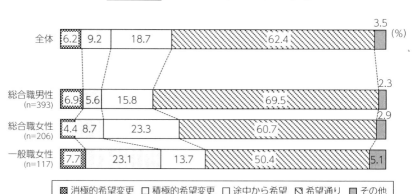

図表2-4 勤務地に関する希望と実際

	消極的希望変更	積極的希望変更	途中から希望	希望通り	その他
全体	8.0	9.8	21.3	49.6	11.3
総合職男性 (n=393)	10.4	9.2	25.2	41.5	13.7
総合職女性 (n=206)	7.8	9.2	21.4	47.6	14.1
一般職女性 (n=117)	4.3	13.7	12.0	64.1	6.0

(%)

出所：中央大学大学院戦略経営研究科　ワーク・ライフ・バランス＆多様性推進・研究プロジェクト
（2018）

合職を選択する場合と一般職を選択する場合では，何が異なるのであろうか。

図表2-4は勤務地について，図表2-5は雇用区分について，実際に就職した者が就職活動する前からの希望通りだったか，途中から希望したものだったかを表している[5]。「積極的希望変更」とは，就職活動を始めた頃に希望して

図表2-5 雇用区分に関する希望と実際

	消極的希望変更	積極的希望変更	途中から希望	希望通り	その他
全体	6.2	9.2	18.7	62.4	3.5
総合職男性 (n=393)	6.9	5.6	15.8	69.5	2.3
総合職女性 (n=206)	4.4	8.7	23.3	60.7	2.9
一般職女性 (n=117)	7.7	23.1	13.7	50.4	5.1

(%)

出所：中央大学大学院戦略経営研究科　ワーク・ライフ・バランス＆多様性推進・研究プロジェクト
（2018）

図表2-6 就業継続意向

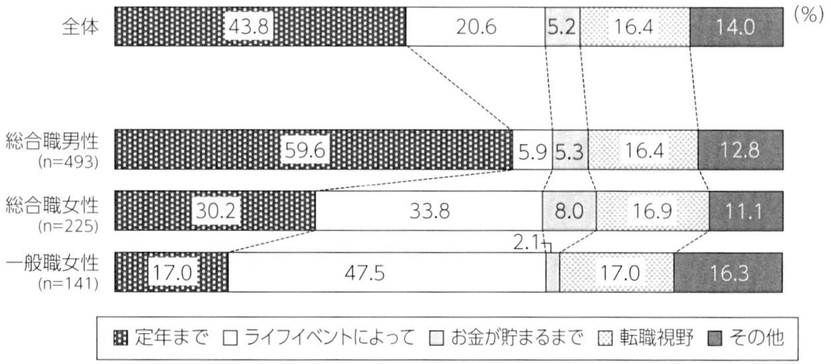

全体　43.8　20.6　5.2　16.4　14.0　(%)

総合職男性
(n=493)　59.6　5.9　5.3　16.4　12.8

総合職女性
(n=225)　30.2　33.8　8.0　16.9　11.1

一般職女性
(n=141)　17.0　47.5　2.1　17.0　16.3

■ 定年まで　□ ライフイベントによって　□ お金が貯まるまで　▨ 転職視野　■ その他

出所：中央大学大学院戦略経営研究科　ワーク・ライフ・バランス＆多様性推進・研究プロジェクト
(2018)

いた雇用区分を「希望する条件が変わった」「当初の希望が自分と合わない気
がした」といった理由でいわば自らの意思で希望の雇用区分を変更した者であ
る。一方，「消極的希望変更」は，「希望していたところの選考がうまくいかな
かった」という理由によって希望を変更した者であり，「途中から希望」は，
就職活動を始めた頃は希望がなく，就職活動を進める中で希望した者である[6]。

　図表2-4では，一般職として就職した女性は，総合職と比べて勤務地が「希
望通り」と回答している割合が多く，図表2-5は一般職として就職した女性
のうち「積極的希望変更」の割合が比較的多いことがわかる。このことから，
一般職を選択する女性は，特定の地域で働きたいという希望をもっていたり，
就職活動を進める中で働き方や仕事内容を考慮して敢えて一般職を選ぶという
者も一定数存在することが想像できる。

　図表2-6は就職活動を終えた時点での入社予定企業で就業継続する見込み
であり，総合職と一般職の女性を比較してみると，「定年まで（勤め続ける）」
「ライフイベントによって（辞める可能性がある）」と回答した割合に違いがみ
られる。「定年まで」「ライフイベントによって」と回答した割合を合わせると，
「総合職」「一般職」ともに65%程度であるが，「総合職」は「定年まで」と回
答している割合が10数%多く，その分「ライフイベントによって」と回答する

割合が少なくなっている。

　女性の総合職か一般職かのコース選択は，勤務地と就業継続見通しの２つの要因のみによって決まるという単純なものではないが，この２つの要因が雇用区分を選択する上で重要な要因になっていると考えられる。

　図表２-６からは，一般職を希望する者の中にも「定年まで」働くことを希望している者が17.0%存在していることがわかる。これと「積極的希望変更」すなわち就職活動開始当初から一般職を希望しておらず，就職活動を進める中で一般職を希望する者が一定数いることから，就職活動を進めるうちに転勤や長時間労働を前提とした総合職の働き方が自分の希望と異なっていることに気付くという場合もあると考えられる。つまり，結婚，出産などのライフイベントを経ても安定して働き続けることを優先して一般職を希望する者もいると考えられる。

3　採用と就職の課題

　採用活動は，企業が事業活動を支える人材を獲得するために行う活動である。その主な活動は，企業が求人の情報を広告として提供し，求人広告をみて応募してきた人材から必要な情報を収集して採用者を決定することである。

　一方，就職活動は，学生（応募者）が卒業後の就職先を決めるために行う活動であるが，その基本的かつ重要な活動は，就職先を選択するに当たって必要となる情報を収集し（下村・堀，1994），収集した情報をもとに就職先を選択し，決定することである。

　採用活動と就職活動は，企業と学生が互いの情報をやり取りし，意思決定を繰り返すことで，それぞれの目的を達成するプロセスでもあると考えられる。以下では，企業（求人側）と学生（求職側）との情報のやり取りによる影響について検討し，採用・就職のプロセスにおける課題を考える。

(1)　情報と入社前の期待形成

　入社前の期待は，入社前に行われたすべての学習によって形成されるもので

ある（Feldman, 1976）。就職活動を始める前にもっている企業イメージは，その企業に対する期待の一部になり得るが，募集段階で企業によって示される求人広告や選考段階で社員と接触することによって得られる情報によっても，求職者は入社後の職務や企業に関する期待を形成する。入社前に形成された期待と入社後の現実のギャップによって感じるショックや幻滅（disillusion）はどのような職業においても様々な形で生じるが（Van Maanen & Schein, 1977），その度合いによっては自発的離職につながることが知られている。つまり，入社前の期待は，入社後の組織適応に対して影響を及ぼす可能性がある。

　入社後の組織適応にネガティブな影響を及ぼす期待とは，職務内容や組織に関して実際と異なるものを想定してしまうことである。大学生が就職活動中に入手する求人情報の内容によっては，入社後の現実とは異なる職務内容や組織に対する期待が形成されてしまうことがある。

(2)　採用時の情報提供

　企業は，職場や職務に関する情報のうち応募者にマイナスのイメージをもたれてしまうような情報は積極的には発信せず，より多くの応募者を確保しようとする傾向がある。例えば，早期離職者が多い，残業時間が長いなどの働く者にとって好ましくないと思われるような情報は，企業案内のパンフレットに現状の数値が記載されていたとしても，企業説明会など情報提供が直接できる機会に，口頭で具体的に説明し周知するようなことは少ないかもしれない。

　企業側の意図の有無に関わらず，現実とは異なる期待を形成してしまう情報の内容には様々なパターンがある。具体的には，採用活動の中で現実とは異なる情報が提供される場合，求職者にとって重要な情報が提供されない場合，現実に即した情報が提供されてもその情報がすべての新入社員に当てはまらない場合などである。

　入社前に提供される求人情報による期待の形成に関する代表的な研究者はWanousである。Wanous（1978）は，現実に基づいた求人情報の提供（Realistic Job Preview，以下RJPと表記）によって，現実に近い適切な期待の形成ができると考えた。Wanousによって示されたRJPの主な効果は以下の4つである。

58

① 応募者に対して組織に関するネガティブ情報も含んだ「現実」を知らせるために予め現実に対する心構えができるという「ワクチン効果」

② 情報上の現実を許容できる者だけが応募・採用される可能性が高まるという「スクリーニング効果」

③ 組織が現実情報を率直に提供することによる「コミットメント効果」

④ 事前に職務や役割に関する情報を提供することによる「役割明確化効果」

これらの4つの効果によって現実に見合った期待が入社前に形成され，入社後に現実が異なることによる離職意思が抑制される。

　企業の情報公開を促進するために，厚生労働省の「青少年の雇用機会の確保及び職場への定着に関して事業主，特定地方公共団体，職業紹介事業者等その他の関係者が適切に対処するための指針[7]」により，特に新卒者の募集を行う企業に対して幅広い職場情報を提供することを努力義務としている。

　女性のキャリア支援の観点からは，採用時に総合職女性の職務内容やキャリアについての情報が提供できているかという点に留意する必要があるだろう。企業説明会などは男女別に開催することは難しいが，総合職女性が少なかった場合に，女性の職務内容やキャリアに関する情報が不足しており，仕事に対する過度に高い期待や反対に低い期待が形成されてしまうなど，現実と異なる状況が伝えられてしまう可能性がある。また，総合職と一般職を分けて採用する場合には，それぞれの職務やキャリアに関する情報を提供することが望ましい。図表2-5で確認したように，一般職を希望する者の中には，就職活動を進める中で他の雇用区分から希望を変更する者も存在する。雇用区分の希望を変更する際に総合職に関する情報と一般職に関する情報を収集し，自分の職務やキャリアに関する希望と照合した上で変更している場合もあると考えられる。

　このように採用活動の中で提供される情報は，大学生の就職先の選択に大きな影響を及ぼすことに留意し，正確な情報を適切に提供する必要がある。

⑶　就職活動時の情報収集

　企業側が情報提供を積極的にかつ適切に行ったとしても，大学生（求職者）

側は，企業から提供されるすべての情報を収集するとは限らないという課題もある。大学生は就職先に関する希望があいまいなことも多く，就職先を決定する上で自分にとって重要な情報が不明確である。このため，重要な情報を収集しないままに就職先を決定すれば，職務や組織に関して偏ったイメージが形成されてしまう。

　全国求人情報協会「就職活動の実態に関する調査」(2017) では，就職活動を行った大学生に対して，就職活動時の情報収集状況について尋ねている。大学生は勤務地，初任給など入社直後の労働条件に関する情報や職務内容は，働いていく上で比較的重要で知りたいと考えるし，企業も提供している情報である。一方で，忙しさの度合いや将来的な給与の見通しなどの情報は，入社直後の労働条件に関する情報に比べると収集したいと考える人も少なく，企業から提供されることも少ない。しかし，長期的なキャリアを見通すという意味では，将来的な給与の見通しや忙しさの度合いといった情報は重要性が高い（高崎・中原，2018)。女性にとっては，出産・育児・介護との両立を支援する制度に関する情報だけでなく，制度の利用状況，女性がどのようなキャリアを形成しているかといった情報が，長期的に就業することを前提とすれば必要な情報となる。しかし，その他の情報と比べると「出産・育児・介護との両立を支援する制度と利用状況」は知りたいと思う人も少なく，知ることができなかったという回答も比較的多い。出産・育児といったライフイベントに関わる情報を入手することは，女子学生がその組織で長期的に働くことが可能かどうかを考えるだけでなく，自身の職業キャリアを考える機会にもなる。女性がキャリア展望をもつためにも就職活動時の情報収集が重要となる。

⑷　女性のキャリア形成における採用の課題

　以上，日本企業の採用人数に占める男女の割合の現状とその背景要因について確認してきた。採用時の性別割合は女性活躍状態を表す指標の基準となり，女性管理職を増やすという意味でも一定割合の女性を採用することが必要である。従業員に占める女性の割合が少ない場合は特に，採用活動が女性のキャリアを支援するための第一歩となるが，採用段階における男女の比率に留意しな

がら採用活動を行うだけでは不十分である。採用のプロセスにおいて適切な情報提供を行い，入社後に対する適切な期待とキャリアの見通しを女性にもってもらうことが有効である。

　しかし，企業が男女の採用比率をできる限り同じにしたいと考えていたとしても，求める人材が多く所属する学部に女性が少なく，必要な人数の確保が難しいなど企業だけで解決できない課題も多い。解決のためには，理系学部に進学する女子学生（いわゆる「リケジョ」）を増やすことが必要であり，学部選択の一要因となっているステレオタイプを変えていくためには，社会全体で考え取り組む必要がある。

　女性のキャリア支援という観点から採用活動をとらえると，さらにいくつかの課題がある。ジェンダー・ステレオタイプについて述べたように，マイノリティだという認識が効力感の低下につながる。就職活動では，女性がマイノリティになる場面も多く，選考で不利な立場にあると思い込んでしまうことも多い。この思い込みがネガティブな影響を及ぼすことが指摘されている。例えば，性別が不採用の理由で，性差別されたと思い込んでしまう場合がある（Ryan & Ployhart, 2000）。このような場合，日本ではほとんどみられないが，海外では訴訟に発展するケースもある。ポジティブ・アクションを掲げている企業で採用された場合などは，本当は能力が高くないのに女性だから優先して採用されたと考え，自己評価が低くなることが指摘されている（Ryan & Wessel, 2009）。企業は，採用基準を明確にし，選考時の判断は基準に基づき公正に行うこと，場合によっては不採用の理由をフィードバックするなど採用プロセスや選考基準の明確化が求められる。

　採用選考のプロセスは非常にセンシティブであり，企業は，採用方法・プロセスを「差別」ととらえられる余地がないように見直し，プロセスや基準を公表することを検討してもよいだろう。何よりも，採用の目的である自社に必要な労働サービスを提供できるかどうかという視点で選考することが求められる。

POINTS

◆　女性のキャリア支援のためには，女性を採用し定着させることが必要である。男女間で雇用状況の差が認められ，女性の従業員を採用したいと考える場合は，ポジティブ・アクションによって女性を積極的に雇用する必要がある。

◆　採用に当たっては，男女で偏在する分野がある。例えば理系学部に所属する女子学生割合が低いことから，理系学部に所属する者から技術職を採用する傾向が強い業種では，性別割合が偏ってしまう可能性が高い。このような偏りを軽減するためには，社会全体での取組が必要である。

◆　女性は男性に比べて入社後の働き方や勤務地を考慮した上で応募する傾向が強いため，それらの情報の提供がコースや企業選択を左右する可能性があり，この点を意識した採用活動が企業には求められる。

|注
1　本章では，採用区分（事務・営業系，技術系）別の採用状況に関する調査項目が含まれる最新データである平成26年度調査結果を用いた。なお，平成27年度調査以降は職種（総合職，一般職など）別の採用状況が掲載されている。
2　「コース別雇用管理制度の実施・指導等状況」では，総合職について「基幹的業務又は企画立案，対外折衝等総合的な判断を要する業務に従事し，原則転居を伴う転勤がある」，一般職について「主に定型的業務に従事し，原則転居を伴う転勤がない」と定義されている。
　　なお，図表2-2の結果は調査結果は回答を平均した数値であるため，すべての企業の総合職がこのような割合で採用されているわけではなく，女性が多い企業も存在している。
3　学校基本調査によれば，女性割合がもっとも高いのは文学部で70.1%である。工学部は14.5%と低く，中でも機械工学は5.2%ともっとも低い。
4　労働者に対する性別を理由とする差別の禁止等に関する規定に定める事項に関し，事業主が適切に対処するための指針（平成18年厚生労働省告示第614号）による。
5　中央大学大学院戦略経営研究科　ワーク・ライフ・バランス＆多様性推進・研究プロジェクト（2018）では，「いわゆる総合職」かつ「転勤があるコース」と回答した者を総合職，「いわゆる一般職」かつ「転勤がないコース」を一般職と定義している。なお，転勤については，「転勤があるが，範囲が限られているコース」という選択肢も設けており，それは総合職からは除かれている。
6　調査では業界，仕事内容，企業，コース・区分（総合職か一般職か），勤務予定地の5項目についてそれぞれ希望の変更とその理由を尋ねている。このため，ここでは，コース・区分に関してのみ取り上げており，同時に業界や企業などの希望変更があったかどうかは

加味されていない。
7　厚生労働省「就労実態等に関する職場情報を企業に求めることができる制度について」
より。

| 参考文献

安達智子（2016）「現代社会におけるキャリアとジェンダー」梶田叡一・中間玲子・佐藤德
　編著『現代社会の中の自己・アイデンティティ』金子書房.

佐藤博樹（1999）「女性の職場進出と雇用管理」日本労働研究機構 編『リーディングス 日本
　の労働 雇用管理』日本労働研究機構.

下村英雄・堀洋道（1994）「大学生の職業選択における情報収集行動の検討」『筑波大学心理
　学研究』16巻，pp.209-220.

高崎美佐・佐藤博樹（2014）「女性管理職の現状―2020年30%は実現可能か」佐藤博樹・武石
　恵美子 編著『ワーク・ライフ・バランス支援の課題―人材多様化時代における企業の対
　応』東京大学出版会，pp.35-57.

高崎美佐・中原淳（2018）「「就職活動を通じた意識変化」を促す要因に関する研究：就職活
　動における情報収集行動に着目して」『ビジネス実務論集』36号，pp.1-12.

武石恵美子（2017）「女性の活躍推進と初期キャリアの重要性」『NWEC 実践研究』No.7,
　pp.6-22.

中央大学大学院戦略経営研究科　ワーク・ライフ・バランス＆多様性推進・研究プロジェク
　ト（2018）『社員のキャリア形成の相違に関する調査：大学から初職へのトランジション
　を含めて』報告書.

労働政策研究・研修機構（2011）「女性管理職登用をめぐる現状と課題」『ビジネス・レー
　バー・トレンド』12月号，pp.10-15.

Adachi, Tomoko（2014）. "Occupational Gender Stereotypes among University
　Students:Their Relationships with Self-Efficacy and Gender Role Attitudes," *Japanese
　Association of Industrial/Organizational Psychology Journal*, Vol.27, No.2, pp.87-100.

Feldman, Daniel. C.（1976）"A practical program for employee socialization,"
　Organizational Dynamics, Vol.5 No.2, pp.64-80.

Oswald, Patricia A.（2003）"Sex-typing and prestige ratings of occupations as indices of
　occupational stereotypes," *Perceptual and motor skills*, Vol.97 No.3, pp.953-959.

Ryan, Marie A. & Ployhart, Robert E.（2000）. "Applicants'perceptions of selection
　procedures and decisions: a critical review and agenda for the future," *Journal of
　Management*, Vol.26, No.3, pp.565-606.

Ryan, Marie A. & Wessel, Jennifer（2009）. "Fairness in Selection and Recruitment: A
　Stigma Theory Perspective," In S. Cartwright & C. L. Cooper（Eds.）, *The Oxford
　Handbook of Personnel Psychology*（*Vol.1*）. Oxford University Press.

Van Maanen, John & Schein, Edgar H.（1977）"Toward a theory of organizational
　socialization," *Research in Organizational Behavior*, Vol.1, pp.209-264.

Wanous, John P. (1978). "Realistic Job Previews: Can a Procedure To Reduce Turnover Also Influence the Relationship Between Abilities and Performance?," *Personnel Psychology*, 31(2) : 249-258.

第 **3** 章

初期キャリアにおける人材育成

日本では，大学や高校を卒業した後は，そのまま就職しその企業で定年まで勤めることが望ましいとする考えが強かった。企業，とりわけ大企業は，訓練可能性の高い新卒を採用し，入社してからの数年間は育成期間とするなど，OJTによって職業能力の開発を行ってきた。この日本的な育成の仕組みを新入社員の立場からみると，社会人となってからの数年間のいわゆる初期キャリアは，職業能力を獲得するために非常に重要な時期といえる。

日本企業における新卒採用者の初期キャリアの現状は，女性のキャリア支援という視点からいくつかの課題がある。例えば，女性は男性と比べて様々な理由から能力開発機会が制約されがちなことである。また，女性は就業希望が多様であるために入社前の期待と現実とのギャップによって生まれるリアリティ・ショックも起きやすいこともある。こうした課題を解決するためには，女性の就業希望の多様性を踏まえて，初期キャリアの段階から適切なマネジメントが行われることが必要である。

1 「初期キャリア」がなぜ重要か

新入社員がある一定の範囲の仕事を一人でできるようになることは，「ひとりだち」とか「一人前になる」という言葉で表現される。大学や高校を卒業し仕事に就いてから「一人前になる」までの数年間は，職業経験の積み始めという意味での初期である。また，仕事はいずれかの組織に所属して行うことから，組織の一員として間もないという意味での初期でもある。

　そこで大学や高校を卒業して新入社員として入社してから「一人前になる」までの数年間を「初期キャリア」と呼ぶことにしたい。「初期キャリア」は，入社後3から5年程度と考えられることが多いが，業種や職務内容によっても異なり，企業によっては「一人前になる」まで10年と考える場合もある。まず以下では，「初期キャリア」の重要性について検討する。

(1)　日本企業の人材育成の特徴

　日本企業，とりわけ大企業では，長期継続雇用することを前提として社員（いわゆる正社員）を採用し，社内で人材を育成する。この考え方は，近年変化がみられ始めているとはいえ，現在でも主流である。長期的な継続雇用を前提とし，かつ社員が定着する場合は，企業は能力開発にかけたコストを回収できる見込みが高いために，社員に対して能力開発を積極的に行うことができる。日々の仕事を行うことによって仕事の能力を高めていくOJTや，研修や講習など職場を離れて仕事に関する知識や能力を高めるOff-JTは，企業が社員に対して行う能力開発である。さらに，日本企業では，昇進・昇格，異動など計画的なローテーションも能力開発を意図していることがある（佐藤, 2012）。昇進・昇格によって仕事における役割が変わり，異動によって職務内容や職務の範囲が変わることになり，それらの変更は仕事の経験の幅を広げ，より幅の広い職務能力を身に付けることができると考えられる。

　このうち，OJTの中の計画的OJTやOff-JTは，特に入社後の数年間に集中的に行われることが多く，この集中的な能力開発機会によって，働いた経験が少ない新入社員に対して，短期間で職業能力を身に付けさせていく（上西, 2012）。特に，日本では，新卒者を一斉に受け入れ，その後，仕事に必要な知識やスキルを開発していくという特徴がある。

(2)　新入社員本人にとっての「初期キャリア」の重要性

　日本における典型的な職業キャリアは，大学や高校を卒業して，その直後に企業に正社員として就職し，当該企業に定着することであると考えられてきた（小杉, 2010）。学校教育課程を卒業したばかりの者は働いた経験が少ない。こ

のため，企業が求める仕事をするための知識やスキルが乏しいことに加えて，「社会人」や「その企業の社員」としてどのように振る舞えばよいのかわからないことが多く，入社したその日から，すでにその企業での就業経験がある人と同じ質の仕事をすることは，不可能に近いと考えられる。しかし，日本では企業が主体となって新入社員の能力開発を行うために，入社して真摯に仕事に取り組んでいれば，職業能力が身に付けられるという仕組みが企業内に埋め込まれている。

　上西（2010）は，大学卒業という学歴を持ちながらも新卒時に入社した企業を3年以内の早期に離職すると，「よりよい仕事[1]」に就ける可能性が低くなると指摘する。これは，離職リスクが高い人材とみなされることで採用されづらくなるだけではなく，職業能力の状態が関連していると考えられている。先に述べた通り，能力開発機会は入社後の数年間に集中することから，早期に離職した場合は，職業能力を身に付ける機会を逃すことになりかねず，一定の能力が身に付いていないととらえられることによる。能力開発によって職業能力を身に付けることは個人のエンプロイアビリティを高めることにつながるため，初期キャリアは新入社員本人にとって重要な時期である。

⑶　企業にとっての「初期キャリア」の重要性

　能力開発を行って新入社員に必要な能力を身に付けさせることは，企業の立場からすれば人的資源に対する投資である。この投資を回収するためには，必要な労働サービスの提供という形で，人的資源投資によって開発した能力を長期的に発揮してもらう必要がある。

　必要な労働サービスを提供できるようになる前に離職されてしまった場合は，能力開発のための投資は回収できずに損失となる。離職に至らなくても，早い段階で仕事に対するモチベーションが下がってしまったり，心身の健康上の理由から職務遂行上の配慮が必要になったりした場合には，その後の継続的な能力発揮が難しくなり，早期離職の場合と同様に企業側にとっては損失となりうる。

　つまり，初期キャリアは，企業の人的資源管理において重要な意味をもつ。

68

企業は，長期的に勤務し能力発揮するように，早い段階から働きかけを行っていく。

2 初期キャリアにおける人材育成を促進する要因

(1) 初期キャリアにおける課題

　新入社員が企業で経験を積んだメンバーと同じ（ような質の）仕事ができるようになるためには，企業メンバーと同じ価値観でものを見，考えられるようになることが必要である（Van Maanen & Schein, 1977）。マネンとシャインは，新入社員が企業に入ってからすでに企業で経験を積んだメンバーと同じように仕事をできるようになるまでの過程を，「組織社会化」と呼んだ。組織社会化は，社会化の下位概念であり，特定の組織内で行われる社会化のことを指す。組織社会化の定義は様々であるが，多くの論文をレビューし集約した高橋（1993）の定義によれば，「組織への参入者が組織の一員となるために，組織の規範・価値・行動様式を受け入れ，職務遂行に必要な技能を習得し，組織に適応していく過程」（高橋, 1993, p.2）である。この定義から，組織への参入者（新入社員）は，組織社会化の過程の中で大きく2つ達成する必要があると考えられる。1つは，企業の規範・価値・行動様式を受け入れること，すなわち，その組織に特有の規範や文化を認識し内面化し，仕事に対峙する上で他のメンバーと同じような価値観をもつことである。もう1つは，職務遂行に必要な技能の習得，すなわち，組織で求められる仕事をするために必要なスキルや知識を習得することである。

　以下では組織規範や文化の認識及び内面化すなわち組織への適応と，スキルや知識の獲得すなわち職業能力の獲得の2つの側面それぞれについて確認する。

(2) 組織への適応

　個人が組織に適応した状態とは，どのような状態を指すのであろうか。組織行動論や産業組織心理学における実証研究では，職務満足状態や離職意思の有

無，組織コミットメントの状態などが，個人の組織適応状態を示す代理変数と
して用いられることが多い。これを踏まえると，組織適応状態とは，自分が勤
める企業に対して肯定的な感情をもち，仕事に満足しており，企業を辞めたい
と時々思う程度のことがあったとしても，最終的にはその企業に勤続し続けよ
うと思う状態を指すと考えられる。社員が企業に適応した状態になることは，
離職が少なくなることで労働力が確保できるだけでなく，仕事のパフォーマン
スが高まるなど企業にとってプラスの効果がある。この効果を享受するために，
企業は新入社員を企業に適応させるように働きかけることになる。

　新入社員の組織適応を促すための企業の働きかけに関する研究として代表的
なものは，組織社会化戦術（socialization tactics）に関する研究である。組織
社会化戦術の理論的枠組みを示したのはVan Maanen & Schein（1977）である。
Van Maanen & Schein（1977）が示した組織社会化戦術の6次元は，①集合-
個人，②公式-非公式，③規則-不規則，④固定-可変，⑤連続-非連続，⑥付与-
剥奪で，企業が新入社員をどのように社会化しているのかという社会化戦術を
とらえる上での枠組みとして現在でも用いられている。

　Van Maanen & Schein（1977）が提示した枠組みの検証と実証を試みたのが，
Jones（1986）である。Jones（1986）が，Van Maanen & Schein（1977）が
提示した枠組みに基づいて，図表3-1のように新入社員に対する組織社会化
戦術尺度を開発して以降，多くの研究者がJones（1986）の組織社会化戦術尺
度を用いた実証研究を行ってきた。社会化戦術は，具体的に新入社員の不安の
軽減および仕事に対する積極性の促進（Jones, 1986），離職意図の抑制
（Ashforth & Saks, 1996；Saks & Ashforth, 1997），企業における役割の明確
性の促進（Ashforth & Saks, 1996）といった効果があることが実証されている。

　Jones（1986）の組織社会化戦術尺度を用いた研究では，企業がどのような
社会化戦術を行っているのかという実態の把握，もしくは，どの社会化戦術が
効果的かという視点から研究蓄積がなされてきた。しかし，日本の新入社員の
組織社会化を促進させる導入時研修は，新入社員が集まって企業として公式に
行われるものであるため，Van Maanen & Schein（1977）の6次元の枠組み
で言えば公式的で集合的な社会化戦術と言える。しかし，尾形（2009）は，導

図表3-1 Jones（1986）の組織社会化戦術尺度

新入社員はみんな「同じ船に乗っている」という感覚がある
(There is a sense of "being in the same boat" amongst newcomers in this organization.)
仕事ができるようになるまで，仕事を任せられることはなかった
(I did not perform any of my normal job responsibilities until I was thoroughly familiar with departmental procedures and work methods.)
私が仕事ができるようになるまで，他の社員たちは私と距離を置いていた
(I feel that experienced organizational members have held me at a distance until I conform to their expectations.)
私の会社では昇進のためのステップが明確である
(The steps in the career ladder are clearly specified in this organization.)
先輩社員を見ていると，会社において自分が何を求められているのかがよくわかる
(I am gaining a clear understanding of my role in this organization from observing my senior colleagues.)
他の社員の経験を見ていると，自分の将来のキャリアパスが予想できる
(I can predict my future career path in this organization by observing other people's experiences.)

出所：Jones（1986）Appendixから筆者が一部を抜粋し邦訳

入時研修の内容は企業によって様々であって明確に分類することが難しいことから，日本型の組織社会化戦術については検討する必要があると指摘する。そこで，尾形（2009）は，具体的な施策として学校課程を卒業して入社後すぐに行われる導入研修（新入社員研修）に着目し，組織適応を促す要因やメカニズムを明らかにしようと試みている。

尾形（2009）は，導入時研修は以下の5つの効果をもつと指摘する。

① 新入社員がもっているこれまでの価値観を打ちこわし，社会人・社員としての新たな価値観，行動規範を習得させるという効果

② 厳しい研修を新入社員全員が共に支えあい，共に乗り越えていくことで，強い連帯感と同期意識が醸成される効果

③ 導入時研修を見守り支えてくれるトレーナー（先輩社員）に対する信頼感が醸成される効果

④ 厳しい研修を乗り越えたことによる達成感と自信に基づく自己効力感の醸成

⑤　組織へのコミットメントの向上効果

　尾形（2009）は日本企業の導入時研修は，新入社員を同じ場所に集め，同時期に同じ内容を教えることに重点が置かれることがあると指摘する。この傾向は，日本的な人事システムで求められるスキルは，専門的な知識や技能というよりは，社員同士の関わり合いや企業の行動規範を理解し，集団で円滑に共同作業ができることであることに起因する（尾形, 2009）。

　導入時研修について詳細に述べてきたが，初期キャリアの間に研修や同期で集まる機会を設定するなど企業側から新入社員に働きかけることによって，その企業で仕事を継続していくための態度の形成，組織コミットメントの醸成がなされ組織適応が促進されると考えられている（Louis, Posner, & Powell, 1983；Nelson & Quick, 1991 など）。

　近年では，新入社員本人の能動的な行動（proactive behavior）によっても組織適応が促されることが指摘されているが，まずは，入社した企業の文化や規範を理解し内面化できるよう，企業を体現する上司や同僚が新入社員に積極的に関わっていく必要がある（Saks, Gruman, & Cooper-Thomas, 2011）。

⑶　職業能力の獲得

　組織社会化の第2の側面が，職業能力の獲得である。新入社員の職業能力の獲得は，OJTやOff-JTといった教育訓練によって可能になる（上西, 2012）。日本企業においては，職業能力をもたない学卒者が職業能力を身に付ける上で，卒業後すぐについた職（初職）がその後のキャリア形成に大きな影響を及ぼすことが指摘されており（川喜多, 2010），新入社員の職業能力の獲得には，職場において実施されるOJTが極めて重要である。

　では，OJTとは何であろうか。一般的には，「上司が部下に対して仕事を通じて計画的に必要な知識，技能，問題解決能力，および態度について教育訓練を行うこと」（青木, 1965）であるが，実態は日々の業務を遂行させることであるために，それが教育訓練であるということについて共通認識は得にくい。しかし，職場内で行われる仕事上の指導やアドバイスが能力開発に重要な意味をもっている。

　若林（1987）は，入社1年目の上司との関係が入社3年目のキャリア発達に強い影響を及ぼすこと，さらに入社3年目程度までの上司の指導の結果がその社員の実績に影響を及ぼすため，結果的にその後の昇進が入社3年目程度までの上司の指導に規定される可能性があることを指摘し，OJTにおいても上司の役割の大きさを指摘している。榊原（2005）では，上司のOJT行動のうち「責任と仕事の権限の委譲」が部下の能力自己評定値に正の効果を及ぼすことを指摘している。これらの研究では，OJTを「上司から部下への教育指導関係」ととらえているが，OJTは必ずしも上司から行われるものではなく，「職場における多様な他者から提要される支援を通じた学習」でもある（中原，2010）。この定義を踏まえるとOJTは，上司からの支援だけではなく，先輩や同僚・同期からの支援も含むことになる。

　しかし，OJTの一面である仕事上の指導やアドバイスはどのような職場でも等しく行われるわけではない。原（2007）によれば，企業規模や業種などの企業属性，職種などによる違いはみられないが，職場環境によって違いが生じる。社員不足など労働環境が厳しくなっている企業では，同僚や部下の指導やアドバイスに時間を投入することが難しく，結果として新入社員は指導やアドバイスを受ける割合が低い。一方で，連携して仕事をすることが多い企業や，若手社員の仕事や生活についての相談相手が決められている企業では，指導やアドバイスがなされていることが実証されている。

　新入社員は，職場における他者からアドバイスや指導を受けながら日々の仕事をすることで能力が高まる。他者からのアドバイスは，新入社員本人の職業能力の自信につながっている。

⑷　初期キャリアにおける人材育成

　Schein（1991）が指摘するように，新入社員が社会化によって企業に適応するまでは企業に留めておかなければならない。また，入社した企業で就業を継続し，能力を発揮し企業に貢献してもらうためには，人材育成の2つの側面を達成させる必要がある。つまり，初期キャリアでは，仕事に必要な技能を形成させると同時に文化を認知・学習させることで，企業で経験を積んだ同僚と同

じような価値観でものを見，考えることができるようになっていく。

　またそうすることが，他のメンバーに企業の人であるということを認めてもらうこと（メンバーシップの獲得）につながる。新入社員は，初期キャリアにおいて，仕事をしていく上で必要なスキルと知識，入社した企業の人としての行動様式を身に付ける。また，仕事を実際に経験しながら向いている仕事を探索し，その後のキャリアの方向性を見通すという意味ももつと考えられる。その意味で，初期キャリアはその後の能力発揮の下地を作る期間と考えられる。

　このように，新入社員にとっての初期キャリアは，2つの側面が同時並行的に行われ，その企業で仕事をしていくために必要な価値観と能力の双方の基盤が形成される。新入社員を企業に留め，育成することによってその後の能力発揮につながることから，企業として新入社員の初期のキャリア形成をマネジメントしサポートすることは，企業経営においても重要な課題であると考えられる。

3　女性の初期キャリアの課題

⑴　入社後の現実

　ここまで，性別に関係なく日本の雇用管理の仕組みでは，初期キャリアが重要であることを確認してきた。以下では，女性の能力発揮という視点で初期キャリアをとらえた場合の現状と課題について考えていく。

　日本の企業では，長い間，女性は，長期雇用を前提に正社員として働くことが基本的に想定されてこなかったことに加え，男性社員の補助的な役割を期待されているに過ぎなかった（橋本・佐藤, 2014）。しかし，1986年の男女雇用機会均等法施行により，性別による雇用管理が法律によって禁止された。企業は，基幹業務を担い管理職への昇進も期待される「総合職」と「総合職」を補助する「一般職」といったコース別雇用管理を行うようになった。近年改善されてはいるものの，「総合職」は主に男性が選択するコースであり，「一般職」は女性が選択するコースととらえられがちであり（詳細は第2章および第6章を参

照），補助的な役割の職務を女性が担うという状況が完全になくなったわけではない。

　同じ「総合職」であっても男性は長期勤続を前提とされるが，女性は短期勤続者とみなされがちである（駒川, 2014）。前述したように，企業は新入社員が長期勤続することを想定しているからこそ，人的資源投資を行う。「総合職」は基幹的業務を担うことを期待されていることから，より多くの人的資源投資が行われる対象である。以下では，「総合職」の人材育成について，性別に着目しながら現状を確認する。

　原（2007）は，「自身がOJTを受けているかどうかの認知」に性差はみられないことを指摘しているが，性別によって職種やキャリアが異なる「職種の分離」と，同じ職種内であっても性別によって仕事の割当が異なる「職務の分離」がある（首藤, 2003）。また，職務を異動させることで知識と経験を獲得させて育成するにもかかわらず，男性に比べると女性は異動が少ないことも指摘されている（駒川, 2014）。駒川（2014）は銀行に限定した研究であるものの，女性は異動を通じた能力育成機会が乏しいと指摘する。

　高見（2017）は，採用1年目の「総合職」社員に関して残業の頻度に関する性差を指摘している。「ほぼ毎日残業がある」と回答している割合は，男性が40％近く存在するのに対し，女性は25％強であり，「ほとんど残業がない」と回答している割合は，男性が25％程度であるのに対して女性は34％となっており，女性は相対的に残業の頻度が少ないと考えられる（図表3-2）。

　さらに高見（2017）は，残業の頻度と成長スピード[2]に関する認識の関連性を分析した。新入社員は残業頻度が多いほど自身が企業から求められている成長スピードが「入社前イメージより早い」と感じる割合が多くなり，一方で残業頻度が少なくなると企業から求められている成長スピードは「入社前イメージより遅い」と感じる割合が高くなるという傾向があることを示し，職場での日々の働き方が企業から求められる成長を意識させるものであることを指摘する。新入社員は，自身の残業頻度や残業時間によって，企業から求められる成長の度合いを感じ取っている可能性があるということである。つまり，残業の多さは，企業がその人材に求める成長であり，企業の期待であるととらえられ

図表3-2 ┃ 採用の1年目「総合職」社員の残業頻度（男女別）

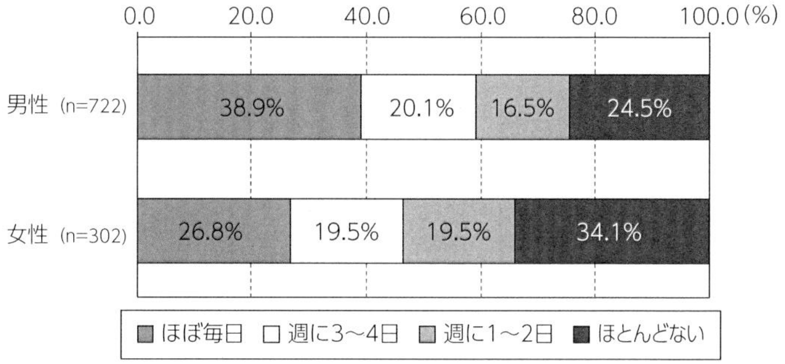

	0.0	20.0	40.0	60.0	80.0	100.0(%)

男性 (n=722)　38.9%　20.1%　16.5%　24.5%

女性 (n=302)　26.8%　19.5%　19.5%　34.1%

■ ほぼ毎日　□ 週に3〜4日　■ 週に1〜2日　■ ほとんどない

出所：高見（2017）より

かねないということである。高見（2017）は，女性の残業が男性に比べて少な
いということは，企業からの期待が低いのではないかという思いにつながって
いくと述べる。また，残業が多いことは，仕事の経験も多くなり成長につなが
るため，残業の差は能力の差となって顕在化するともとらえられる。

　職域や異動，残業の状況が性別によって異なることを確認してきた。残業が
頻繁に発生するということ自体課題ということもできるが，日本の職場の現状
では，その頻度の差は仕事経験の差にもつながるという側面がある。このよう
な日々の仕事の差は，日本企業の人材育成の仕組みの中では能力開発機会の差
となり，結果的に職務能力に差が生じることになる。また，こうした日々の仕
事の差から生じる感情は，「組織の公正性」に影響を及ぼし，さらには組織コ
ミットメントにも影響を及ぼすことにもなりかねない。

(2)　総合職の仕事に対する期待

　新入社員が企業に適応していくプロセスで，入社時点で抱いていた期待と入
社後の現実との整合性が影響を及ぼすと考えられている（詳細は以下(3)で述べ
る）。ここでは，新入社員が入社時に企業や仕事に対してどのような期待を
もっているのかを確認してみよう。

　新入社員は，仕事や企業に対してどのような期待をもっているのであろうか。

図表3-3 「総合職」で就業した者の新卒時の就業継続意向（男女別）

注：「ライフイベントによって」は「結婚まで」「子どもをもつまで」「その他生活上の必要があれば辞
　　める」の合算。「その他」には「考えていなかった」を含む
出所：中央大学大学院戦略経営研究科　ワーク・ライフ・バランス＆多様性推進・研究プロジェクト
　　（2018）より

日本の新卒者は，職務を限定せずに採用されることが多く，入社後どのような
仕事に就くのかは採用時点ではわからない。このため，入社後の具体的な仕事
についての期待はもちづらいと考えられる。しかし，就職時点で「この企業で
いつまで働こうと思っているか」といった就業継続に関する意向や「管理職に
なりたいのか，専門職になりたいのか」という「キャリア形成意向」は，新卒
で入社する時点でもなんらかの意向をもっている。

　この「就業継続意向」や「キャリア形成意向」は，同じ「総合職」であって
も男性と女性に有意な差がみられることが指摘されている（中央大学大学院戦
略経営研究科ワーク・ライフ・バランス＆多様性推進・研究プロジェクト，
2018）。図表3-3は，就業継続意向を比較したものである。「総合職」として
入社した男女を比較すると，「定年まで（働く）」と回答した割合は，男性の割
合に比べると女性の割合は半分程度である。一方，「結婚まで」「子どもをもつ
まで」などの回答をまとめた「ライフイベントによって」の割合は，男性は少
数であるが女性は3分の1程度存在している。「総合職」として入社する女性
でも，新卒時に入社した企業で働くのは，結婚するまで，あるいは子どもをも
つまでと考えているケースが一定割合存在していると考えられる。

　また，入社時点のキャリア形成に対する意向も男女によって異なっている

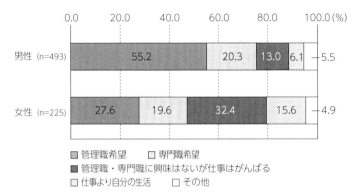

図表3-4 | 総合職採用者の新卒時のキャリア形成意向

出所：中央大学大学院戦略経営研究科　ワーク・ライフ・バランス＆多様性推進・研究プロジェクト
（2018）より

（中央大学大学院戦略経営研究科ワーク・ライフ・バランス＆多様性推進・研究プロジェクト，2018；高村，2017）。図表3-4より，男性は管理職を職業キャリアの視野に入れている割合が女性に比べて多く，入社時点で半数程度存在している。一方，女性は管理職を視野に入れている者，専門職を視野に入れている者，そのようなキャリアは視野に入れていないものの仕事に対してのやる気はある者，仕事より自分の生活を重視したいと考えている者が同程度存在しているというのが大きな特徴である。男性に比べると女性は「就業継続意向」や「キャリア形成意向」が多様であり，企業や仕事に対する期待も多様であると考えることができる。

⑶　リアリティ・ショック

　⑴では，「総合職」として採用された女性が直面する「現実」について，⑵では入社時の「期待」（上記第3節⑵）について確認してきた。「現実」と「期待」について確認してきたのは，「期待」と「現実」のギャップによって引き起こされるリアリティ・ショックが，初期キャリアにおいて特徴的な心理的な現象であり，新入社員の育成をとらえる上で重要な視点の1つであるためである。

　女性に特有のリアリティ・ショックに関して確認する前に，一般的なリアリティ・ショックに関する議論について確認しよう。入社前に抱いていた期待と入社後の現実とのギャップによって新入社員が感じるリアリティ・ショックは，性別や職業，企業に関わらず生じるが（Schein, 1991），その度合いによっては自発的離職につながることが知られている。新入社員の職務能力の開発を促進するためには，リアリティ・ショックを引き起こす期待と現実とのギャップをできる限り小さくし，円滑な組織適応を促すことが望ましい。

　従来のリアリティ・ショックに関する研究では，入社後の仕事や職場環境が就職前の予想[3]を超えて過酷であることに焦点をあてたものが多かった（高見, 2017）。しかし，近年では，従来型のリアリティ・ショックに加え，入社前にある種の厳しさを期待していたにも関わらず，入社後の現実が「ゆるい」ことによって生じる「肩透かし型」リアリティ・ショックが存在すると指摘されている（尾形, 2009）。

　では，このリアリティ・ショックのメカニズムを「総合職」として採用された大卒女性にあてはめて考えてみよう。就職活動時に男女で職務配分に差がないこと，すなわち性別に関係なく仕事が配分され企業からの期待も同等であると考えて，大卒女性が「総合職」を選択したとする。この期待を充足するためには，性別によって企業からの期待が異なることはなく，仕事も同じように配分される必要がある。しかし，図表3-2で確認したように，女性は，男性に比べると残業頻度が少ない[4]。この状況は，「肩透かし型」リアリティ・ショックにあてはまると考えられる。場合によっては，仕事のやりがいが小さいように感じさせることにもなり，意欲をそぐことにもなりかねない（高見, 2017）。

　一方で，図表3-3や図表3-4で確認したように，管理職になって定年まで同じ企業で働くことを期待していない，つまり「厳しさ」を期待していないことも考えられる。そのような期待をもっているにも関わらず，「厳しく」育成がなされるという現実に直面した場合，予想を超えて過酷だと感じる可能性はある。つまり，就職前の予想を超えた過酷な現実にさらされるという従来型のリアリティ・ショックを感じるケースもある。

　繰り返しになるが，リアリティ・ショックの要因は，入社前にもつ期待と入

社後の現実との差である。個人の期待は，期待を抱く対象，期待の程度などが多様であり，その多様性のために，リアリティ・ショックも多様になる。図表3-3，図表3-4で確認したように，男性に比べると女性の期待は多様である。このため，同じ企業に入社し，同じ職務を与えられたとしても，それぞれがもっている期待によってリアリティ・ショックを感じる場合と感じない場合がより高い頻度で現れる可能性がある。

4 初期キャリアのマネジメントのあり方：性差に着目して

⑴　女性のキャリアを支援する上での視点

　新入社員の入社時点の期待は一律ではなく多様であり，特に女性はその傾向が強いことを確認してきた。この状況を踏まえた上で，初期キャリアの段階にある女性を，企業としてどのようにマネジメントをしていくのがよいであろうか。

　女性の活躍の場を広げようとした場合，女性にも男性と同じように仕事を配分する，つまり男性と女性を同じように扱おうという意図が働くであろう。女性のキャリアを支援するにあたって，念頭に置くべき視点が2点ある。

　1点目は上司が部下に仕事を配分する際の「無意識の思い込み（unconscious bias）」である。「無意識の思い込み」とは，例えば，上司は性別などに関係なく，部下の能力などに基づいて仕事を配分しているつもりであっても，部下の性別など属性（女性）を特定の考え方（短期勤続）に結び付ける結果として仕事配分に差が生じてしまうことなどである。小さな仕事配分の差であっても，能力開発機会に差が生じているということであり，身に付けられる職業能力の差へとつながっていく。図表3-2でみたような残業頻度の男女差は，「女性に対して残業を命じにくい」もしくは「女性に夜遅くまで仕事をさせるのは気の毒」というような管理職の「意識的な配慮」が働いた結果であるかもしれない。

　しかし，こういった管理職による「無意識の差別」や「意識的な配慮」の結果，入社から10年以上たって昇進や登用のタイミングを迎えたとき，重要な仕

事の経験の少なさ，経験を多くした者との能力の差として顕在化する場合も多い。こういった差が，ネガティブな評価や登用の資格を満たせない原因になってしまうことも多い。「無意識の差別」をなくすためには，「意識的に」仕事配分の適正化を図る必要がある。

　しかし，仕事配分に差をつける必要も時にはあるという主張がある。この主張は女性のキャリア支援において念頭に置いておきたいもう1つの視点である。大久保・石原（2014）は，結婚や出産などのライフイベントを考慮に入れた育成の必要性を指摘している。厚生労働省「人口動態調査」（平成28年）によれば，女性の初婚平均年齢は29.4歳，第一子出産の平均年齢が30.7歳である。その年齢に結婚し出産すると仮定すれば，大卒者の場合，結婚までに約7年，出産までに8年の職務経験が蓄積できる。この年次は，「初期キャリア」が終わるか終わらないかの時期であり，職場で責任のある仕事を任せられ始める時期と合致してしまう。このため，育児休業を終えて職場復帰したとしても十分な職務経験が得られていないと判断されてしまうことが多い。大久保・石原（2014）では，このような職務経験不足を回避するために，早い段階で様々な職務を経験させることの必要性，つまり，経験の時期に男女で差をつけて職務配分をし，ライフイベントによって差がつかないような育成の必要性を指摘している。

⑵　初期キャリアにおける一歩先のマネジメント

　上司が部下に対して性別に関係なく成長につながるような仕事を与えることは，将来的に基幹的な仕事を担うことが期待される「総合職」に必要な能力を開発しようとすれば必要である。しかし，初期キャリアにおいて成長につながるような，少し難易度の高い仕事を与えることが，必ずしもよい結果につながらない可能性もある。高村（2017）は，大卒の「総合職」女性に限定した分析において，入社時に昇進意欲があった場合は初期のチャレンジングな仕事経験が昇進意欲の維持や向上に影響を及ぼす一方で，入社時に昇進意欲がなかった場合では初期のチャレンジングな仕事経験は昇進意欲に対してよい結果を生まない可能性が高いことを指摘している。

図表3-5　組織適応の4段階

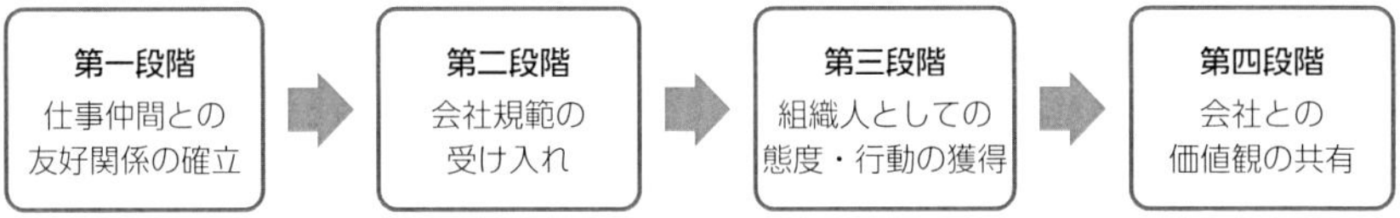

第一段階 仕事仲間との 友好関係の確立	→	第二段階 会社規範の 受け入れ	→	第三段階 組織人としての 態度・行動の獲得	→	第四段階 会社との 価値観の共有

出所：高橋・渡辺（1995）を参考に作成

　初期の昇進意欲とチャレンジングな仕事の効果を考える上で，第3節の(2)でみた仕事に対する期待に関して再確認する。男性に比べると女性は，「総合職」であったとしても，「就業継続意向」や「キャリア形成意向」が多様であり，企業や仕事に対する期待も多様であった。この期待の多様性をもう少し具体的に考えてみよう。「新卒で入社した企業で昇進して定年まで働こう」と考えている場合，様々な仕事を与えられ，仕事の中で成長し，自分を評価してもらうことを期待するであろう。「仕事はがんばるけど，数年で辞めるかもしれない」と考えている場合，10年以上先にあるかもしれない管理職への昇進はキャリアプランとして考えにくく，それを見越して仕事配分をされることは期待していない可能性が高い。この場合，チャレンジングな仕事を与えられても成長の機会だととらえられないばかりか，人によっては不要な機会だととらえることもあるかもしれない。つまり初期キャリアでは，性別だけでなくもう一歩進んだ，具体的には個人のキャリア形成意向に配慮した能力開発機会の提供が必要ということになる。

　しかし，企業は，新入社員に対して能力開発機会の付与だけを行っていては不十分であり，企業への適応を促す必要がある。組織適応に関する男女差に言及された研究はほとんど見受けられないが，高橋・渡辺（1995）では，女性社員の離転職意思に影響を及ぼす要因に関して実証が行われている。高橋・渡辺（1995）では，多くの女性社員が「仕事仲間との友好的な関係を築く」という職場の一員としての役割獲得段階でとどまっており，その先の段階，例えば「企業人としての態度や行動の獲得」，「企業との価値観の共有」に至っていない状況を指摘している。この指摘は，組織適応状態が男女によって異なってい

る可能性を示唆するものである。さらに，女性がそのような組織適応段階でとどまってしまうことは，企業が女性の組織適応段階を「この程度で十分とみなしてきた」（高橋・渡辺，1995）課題でもある。女性総合職の能力発揮を望むのであれば，女性の組織適応をどのように，また，どの段階まで促していくかについて改めて考え，それを実現するための具体的な方法の検討が望まれる。

POINTS

◆ 新入社員の人材育成では，企業の規範・価値観・行動様式の受容（企業に適応させること）だけなく，仕事に必要な知識とスキルを習得（職業能力を開発すること）の2つを同時に行う必要がある。

◆ 女性は，キャリア形成意向など仕事や企業に対する期待が男性よりも多様であるため，入社後の現実に直面したときにおこるリアリティ・ショックも多様である。女性では，とりわけ個人の多様な意向を踏まえた人材育成が望まれる。

◆ 女性の活躍の場を拡大していくためには，男女の能力開発機会を意識的に均等にするだけでなく，企業が女性にどのように能力発揮してほしいかを明確にし，それを実現するための支援が求められる。

注

1 「よりよい仕事」をどのようにとらえるかにもよる。例えば，従業員規模の大きさや給与と考えると3年以内に離職することによって「よりよい仕事」につくことは難しくなる。一方，給与が下がってもより仕事満足が高いことが「よりよい仕事」ととらえれば，3年以内に離職しても「よりよい仕事」に就ける可能性が必ずしも低くなるわけではない。

2 国立女性教育会館（2016）では，「求められる成長スピード」について入社前のイメージとギャップを感じることはありますか」の問いに対して，「入社前のイメージより早い」と「入社前のイメージより遅い」のSD法により5段階で回答を求めている。

3 リアリティ・ショックによる離職を防止する1つの方法として，第2章で紹介されている「RJP」がある。

4 高見（2017）は，「残業頻度」の男女差は就職1年目からわずかながらみられることから，男女で働き方が異なると指摘する。国立女性教育会館（2016）および，そのデータを分析した高見（2017）では，配属職場の差には言及していない。しかし，配属されている職場が男女によって異なることで残業頻度が異なる可能性もある。男女で労働時間が違うことは，場合によっては仕事の難易度の違いと受け止められ，リアリティ・ショックにつなが

ることもある。

| 参考文献

青木武一（1965）『企業内教育訓練の方法』ダイヤモンド社.

上西充子（2010）「なにが早期離職をもたらすのか」上西充子・川喜多喬 編著『就職活動から一人前の組織人まで：初期キャリアの事例研究』同友館，pp.2-50.

上西充子（2012）「能力開発とキャリア—これからのキャリア形成」佐藤博樹・佐藤厚 編著『仕事の社会学：変貌する働き方（改訂版）』有斐閣，pp.19-36.

大久保幸夫・石原直子（2014）『女性が活躍する会社』日本経済新聞出版社.

尾形真実哉（2009）「導入時研修が新人の組織社会化に与える影響の分析：組織社会化戦術の観点から」『甲南経営研究』第49号4号，pp.19-61.

川喜多喬（2010）「初期キャリア形成の理論と企業行動」上西充子・川喜多喬 編著『就職活動から一人前の組織人まで：初期キャリアの事例研究』同友館，pp.280-324.

国立女性教育会館（2016）『平成27年度男女の初期キャリア形成と活躍推進に関する調査報告書』.

小杉礼子（2010）『若者と初期キャリア：非典型からの出発のために』勁草書房.

駒川智子（2014）「性別職務分離とキャリア形成 における男女差」『日本労働研究雑誌』No.648，pp.48-59.

榊原國城（2005）「職務遂行能力自己評価に与える OJTの効果—地方自治体職員を対象として」『産業・組織心理学研究』第18号1号，pp.23-31.

佐藤厚（2012）「雇用・処遇システム」佐藤博樹・佐藤厚 編著『仕事の社会学：変貌する働き方（改訂版）』有斐閣，pp.1-18.

首藤若菜（2003）『統合される男女の職場』勁草書房.

高橋弘司（1993）「組織社会化研究をめぐる諸問題」『経営行動科学』第8巻1号，pp.1-22.

高橋弘司・渡辺直登（1995）「働く女性の離転職意思の決定要因」『経営行動科学』第10巻1号，pp.55-66.

高見具広（2017）「総合職女性における「リアリティ・ショック」：そのキャリア形成にとっての意味」『NWEC実践研究』No.7，pp.42-55.

高村静（2017）「男女若手正社員の昇進意欲」佐藤博樹・武石恵美子 編著『ダイバーシティ経営と人材活用：多様な働き方を支援する企業の取り組み』東京大学出版会，pp.105-134.

中央大学大学院戦略経営研究科 ワーク・ライフ・バランス＆多様性推進・研究プロジェクト（2018）『社員のキャリア形成の相違に関する調査報告書：大学から初職へのトランジションを含めて』.

中原淳（2010）『職場学習論: 仕事の学びを科学する』東京大学出版会.

中原淳（2012）「学習環境としての「職場」：経営研究と学習研究の交差する場所」『日本労働研究雑誌』No.618，pp.35-45.

橋本由紀・佐藤香織（2014）「性別職域分離と女性の賃金・昇進」『経済研究』第65巻3号，pp.221-237.

原ひろみ（2007）「日本企業の能力開発—70年代前半〜2000年代前半の経験から」『日本労働研究雑誌』No.563，pp.84-100.

若林満（1987）「管理職へのキャリア発達」『経営行動科学』第 2 巻 1 号，pp.1-13.

Ashforth, Blake K., and Alan M. Saks. (1996) "Socialization tactics: Longitudinal effects on newcomer adjustment," *Academy of management Journal*, Vol. 39 No.1, pp.149-178.

Jones, Gareth R. (1986) "Socialization Tactics, Self-Efficacy, and Newcomers' Adjustments to Organizations," *Academy of Management Journal*, Vol. 29 No.2, pp.262-279.

Louis, Meryl R., Barry Z. Posner, & Gary N. Powell. (1983) "The availability and helpfulness of socialization practices." *Personnel Psychology*, Vol.36 No.4, pp.857-866.

Nelson, Debra L., and James Campbell Quick. (1991) "Social support and newcomer adjustment in organizations: Attachment theory at work?," *Journal of organizational behavior*, Vol.12 No.6, pp.543-554.

Saks, Alan M., and Blake E. Ashforth. (1997) "A longitudinal investigation of the relationships between job information sources, applicant perceptions of fit, and work outcomes," *Personnel psychology*, Vol.50 No.2 pp.395-426.

Saks, Alan M., Jamie A. Gruman, and Helena Cooper-Thomas. (2011) "The neglected role of proactive behavior and outcomes in newcomer socialization," *Journal of Vocational Behavior*, No.79 No.1, pp.36-46.

Saks, Alan M., Uggerslev, Krista L. & Fassina, Neil E. (2007) "Socialization tactics and newcomer adjustment: A meta-analytic review and test of a model," *Journal of Vocational Behavior*, Vol.70, No.3, pp.413-446.

Schein, Edgar H. (1978). *Career dynamics: Matching individual and organizational needs.* Addison Wesley Publishing Company. (二村敏子・三善勝代 訳（1991）『キャリア・ダイナミクス：キャリアとは，生涯を通しての人間の生き方・表現である』白桃書房).

Van Maanen, John & Schein, Edgar H. (1979) "Toward a theory of organizational socialization," *Research in Organizational Behavior*, Vol.1, pp.209-264.

第 4 章

出産・育児期のキャリア形成

　女性のキャリア形成において出産・育児期にどう対応するかは，重要なテーマである。昇進や労働条件面などの雇用の分野における男女間の様々な格差は，出産・育児期に女性が離職することにより男女の勤続パターンが異なること，育児期に女性のモチベーションが低下することなどの現状から生じているからである。

　出産・育児期のキャリア形成に関しては，1990年代以降仕事と家庭の両立支援策などの政策対応が進められてきたことにより，近年になって一定の成果があがってきた。特に最近のデータ分析では，出産・育児期の女性の離職傾向が変化し，企業定着が確実に進んでいることが明らかになっている。仕事と育児の両立支援策については，多くの研究により，女性の就業継続に有効であるという重要な効果が確認されている。ただし，継続就業した女性が能力を発揮して意欲的に働くことができているか，という点に関しては，女性の企業定着が進んできたからこそ具体的な課題として指摘されるようになってきた。出産・育児期を経て，女性が就業継続できること，にとどまらず，キャリアを形成して活躍できることが重要になっている。

1　出産・育児期の女性のキャリアの現状

⑴　女性のライフコース

　女性の活躍を推進しようとすると，組織も個人も，結婚や出産・育児，近年

では介護などのライフイベントと仕事とのバランスをどう図るか，という課題に直面する。アメリカの国際法学・政治学者のSlaughter（2015）は，女性にケア役割が強く期待されるジェンダー構造が存在する状況下で，女性が能力を発揮して働くことができる社会を作ることの困難さを指摘して共感を呼んだ。家事や育児などの家族的責任を女性がより重く担っているという現状において，女性の安定的なキャリア形成のためには，家族的責任と職業キャリアの両立という問題に適切に対処することが極めて重要である。

　女性が希望するライフコース，あるいは実際にたどりそうな予定のライフコースは，ライフイベントが強く意識されている。未婚女性が理想とするライフコース，予定するライフコースについてみると，1980年代頃までは，いずれも「専業主婦コース（結婚あるいは出産の機会に退職し，その後は仕事をもたない）」と「再就職コース（結婚あるいは出産の機会にいったん退職し，子育て後に再び仕事をもつ）」に分かれていた。しかし90年代に，「専業主婦コース」が減少して，「再就職コース」と「両立コース（結婚し子どもをもつが，仕事も一生続ける）」に二分されるようになり，特に近年では「両立コース」が希望・予想ともに上昇傾向が顕著である（国立社会保障・人口問題研究所「出生動向基本調査」）。

　こうした女性の意識の実態を踏まえると，出産・育児期の女性のキャリア展開は，出産・育児を理由に離職（再就職希望者を含む）するキャリアと，近年増加傾向にある仕事と育児を両立して継続就業するキャリアの，2つの側面からアプローチをする必要があるが，本章では後者のキャリアに着目をする。もちろん，結婚しない，子どもをもたない，子育てに専念するために働かない，といった女性の多様な選択があることを軽視するものではない。ただし，結婚や出産時の就業選択は，社会や職場のジェンダー構造と関連しており，女性が自身のライフコースを自由に選択しているとはいえない状況にあるという点を考慮し，出産・育児期に働き続けたいと考える女性のキャリア志向が実現できているのか，というテーマ設定を行った。

　1990年代以降の少子化傾向の要因として，出産・育児と仕事の両立が困難であることが重視され，女性の就業継続に伴う仕事と育児の「二重負担」や，離

職した場合の「機会費用（離職せずに勤続していた場合に得られたはずの収入）」の大きさなど，子どもをもつことの大きな負担感が指摘された。出産・育児を取り巻く社会的な状況が，子どもをもつことへの意識を減退させた可能性が高い。

　妊娠・出産などによる離職傾向について厚生労働省「21世紀成年者縦断調査」により確認すると，結婚で27.7％，第一子の出産で36.0％が離職する（図表4-1）。末子の妊娠・出産時の離職理由（女性正社員，複数回答）は，「家事・育児に専念するため自発的にやめた」という自発的な離職が3割程度を占める一方で，「仕事を続けたかったが，仕事と育児の両立の難しさでやめた」

図表4-1 ライフイベントによる女性の就業形態の変化

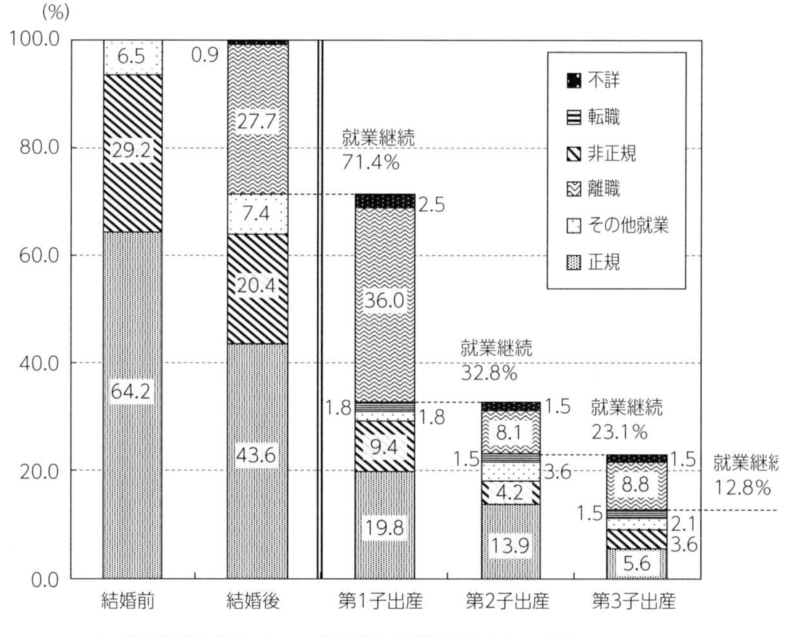

注1：データは，厚生労働省「第10回　21世紀成年者縦断調査」（2011年）
注2：結婚前後の就業形態の変化は，第1回調査時（2002年）から2011年までの9年間に結婚した「結婚前に仕事あり」の女性を対象としている。
注3：出産前後の就業形態の変化は，第1回調査時（2002年）から2011年までの9年間に子どもが生まれた「出産前に妻に仕事あり」の夫婦を対象としている。
出所：内閣府（2013）より

（22.5％），「夫の勤務地や転勤の問題で仕事を続けるのが難しかった」（12.9％），「解雇された，退職勧奨された」（8.4％）など非自発的な離職も存在している（三菱UFJリサーチ＆コンサルティング，2017）。

　以上述べてきたように，子どもをもたない，出産や育児を理由に離職する，という選択が，女性が置かれた状況に大きく依存している面は否定できない。この問題を重視し，次節以降では，出産・育児期に働き続ける，あるいは働き続けることを希望する女性のキャリア支援について検討することとしたい。

(2) 出産・育児期の就業意識

　出産や育児期に女性が離職せずに就業継続をした場合でも課題がある。育児期は，家族的責任を果たすために仕事面での責任の遂行能力が低下する，仕事への意欲が低下する，など女性の仕事への関わり方が出産前と変化することが指摘されてきた。

　矢島（2014）は，出産前後の女性の仕事への意識などが変化することを明らかにしている。具体的には，出産前には「できるだけ速いペースで管理職に昇進したい」「自分なりのペースで管理職に昇進したい」「できるだけ速いペースで専門性を高めたい」と考えていた女性のうち，半数から3分の2程度が，出産後には仕事への意欲が低下する。

　出産・育児期のキャリア形成が円滑に行われないと，それに続く長期的なキャリアにも影響する。特に，出産・育児の時期は20代後半から30代という職業キャリア形成上重要な時期にあたることから，ここで十分な仕事経験が積めないと，その後のキャリア形成のハンディになりかねないという問題がある。上述の矢島（2014）では，出産前後の女性の意識が変化する背景が分析されているが，出産後も管理職・専門職への志向性を維持できているグループは，長期的なキャリアがイメージできる，職場の両立支援に応えたい，やりがいや責任ある仕事の機会を与えられた，という回答が高い傾向があり，職場からの積極的な働きかけが育児期の女性のモチベーション維持に効果があることが示唆されている。

2　両立支援策とその経営的効果

⑴　90年代以降に進んだ法制度

　女性の家族的責任を理由にした離職傾向や，出産後の就業意欲の低下傾向は，統計的差別（第1章参照）を生みやすい。それが原因となって，採用や処遇など雇用管理において男女間の違いをもたらす。したがって，妊娠・出産・育児期に女性が就業を継続することに加えて仕事への意欲を維持するための対応策は，女性のキャリア支援の土台ともいえる極めて重要な政策である。

　1990年代には，顕著な少子化傾向が重大な社会問題として認識されたこともあり，仕事と出産・育児を両立して女性が職業キャリアを継続できるようにするための法整備が進められた。両立支援策の概要は第1章で詳述しているが，重要な政策が，1992年に施行された育児休業法（現在の育児・介護休業法）であり，その後の法改正により充実化が進んだ。同法により，一定の要件を満たす男女労働者は，原則として子が1歳までの育児休業制度，子が3歳までの短時間勤務制度及び所定外労働の免除等が可能になっている。

　育児・介護休業法が企業に最低限の制度導入を義務付けるのに対して，企業の自主的な両立支援の取組を促進するというソフトロー的な手法として，2005年施行の次世代育成支援対策推進法がある。同法により，事業主は，仕事と育児の両立支援のための環境整備等に関する行動計画の策定，公表，計画に基づく施策実施を求められている。

⑵　制度の導入・利用状況

　これらの法律により，1990年代以降，まずは法遵守の観点から仕事と育児の両立支援制度の導入が進んだ。加えて少子化に伴う労働力人口減少の局面に入ると，人材の確保，定着などの人事管理の観点から両立支援制度が重要な施策となり，法律を上回る制度を導入する企業も増え，仕事と育児の両立支援に関する企業の取組は前進した。

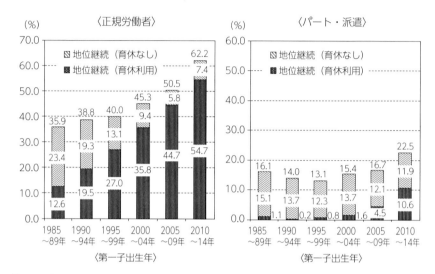

図表4-2 就業形態別，出産前後の女性の就業継続の状況

注1：対象は第一子が1歳以上15歳未満である初婚同士の夫婦（妊娠前後の従業上の地位が判明）
　　　第12回（2002年）から第15回（2016年）調査を合わせて集計した
注2：「地位継続者」は，妊娠時と第一子1歳時の従業上の地位が継続している者である
出所：国立社会保障・人口問題研究所「第15回　出生動向基本調査（夫婦調査）」（2015年）

　現在，女性の育児休業の取得率は8割以上で推移している（厚生労働省「雇用均等基本調査」）。ただし，この取得率には，妊娠時の退職など出産時点で離職している女性が計算式に含まれない点を加味して解釈する必要がある。仕事の有無にかかわらず出産者全体の中で第一子出産時に育児休業を取得して就業継続した女性の割合について推移を確認すると，育児休業制度施行前後の1990－94年には8.1%であったが，2010－14年には28.3%まで上昇してきている（前出，図表1-5）。

　また，図表4-2により第一子妊娠時に就業していた女性の就業継続の状況をみると，妊娠時に正規の場合には2010－14年では54.7%が育児休業を利用して正規の仕事を継続しており，パート・派遣は正規に比べて低いものの同じ時期に10.6%の利用状況となっており，いずれも近年上昇傾向が顕著である。

　育児休業制度により一定期間休業した後に職場復帰をする際に有効な制度が，

図表4-3 育児のための短時間勤務制度の最長利用可能期間

(%)

	3歳に達するまで	3歳～小学校就学まで	小学校就学の始期に達するまで	小学校入学～小学校低学年（3年生または9歳まで）	小学校4年生～小学校卒業（または12歳まで）	小学校卒業以降も可能	制度なし
2005年度	20.3	1.0	6.9	1.0	0.2	0.8	68.6
2017年度	37.8	2.6	12.5	7.2	3.4	2.7	33.6

注：2005年には，最長利用期間「その他」1.1％がある
出所：厚生労働省「雇用均等基本調査」

育児のための短時間勤務制度である。2010年の改正育児・介護休業法施行により措置義務化された「短時間勤務制度」の導入割合は，顕著に増加している。制度内容に関しても，法を上回る形で利用期間延長の充実化などの動きがみられ，子どもの小学校入学以降も制度利用を可能にする企業の増加が目立っている（図表4-3）。

　取得期間長期化の背景には，子どもが小学校に入学すると，帰宅時間が早くなる，夏休みなどの長期休暇があるといった事情から，保育所に通園していた時以上に親の関わりが求められる場面が多くなることがあげられる。幼児を持つ親の間で「小1の壁」といわれるように，子どもが小学校に入学する時点で働き方を変えたり，場合によっては退職したりする母親もいる。こうした事情から，働く親の中には，育児のための短時間勤務制度の利用可能期間を長期化することへのニーズが根強い。大企業を中心に，労働者の希望を叶えることによって優秀な人材の確保・定着を図ることなどを目的として，短時間勤務制度の充実化を進める企業が増え，制度利用期間を小学校就学以降まで延長する動きが活発化している。

　労働政策研究・研修機構（2011）は，第一子出産時の継続就業率が，大企業の正規雇用女性を中心に2005年以降上昇している理由として，男性と同じ職務を担う女性が増えたこと，入社後1つの企業に継続就業する女性が増えて妊娠までの勤続年数が長くなっていること，育児休業制度などの両立支援制度の周

知効果があらわれていること，などをあげている。仕事と育児の両立支援策が，女性の就業継続を促し，女性の仕事への意欲を喚起し，それを企業が評価することにより女性活躍推進が進むという循環が形成されつつあると評価できる。

⑶ 両立支援策の意義

　企業が仕事と家庭の両立支援策を導入する意義について，その理論的背景を確認しておきたい。

　仕事と育児の両立支援策を含むワーク・ライフ・バランス（WLB）施策は，従業員福祉施策ではなく，「社員に意欲的に仕事に取り組んでもらうために不可欠な人材活用の施策」（佐藤，2011）である。企業がこうした制度導入に熱心に取り組むのは，それにより効果的な人材活用が図られるからである。佐藤・武石（2010）では，WLB施策を仕事への意欲を維持・向上させるための報酬，と位置付けた。すなわち，賃金や昇進機会，仕事のやりがいなど仕事に直接関わる報酬に加えて，仕事以外のことにも取り組める働き方が重要な報酬になっているとしている。

　これに関連する重要な概念として，「コンフリクト」と「エンリッチメント」を取り上げる。

　個人は，仕事と仕事以外の役割を同時に担っており，一方の役割を果たそうとすると他方の役割が果たせなくなることにより，役割葛藤としてコンフリクトが生じる。仕事以外の役割として家庭役割に注目する研究が多いため，「ワーク・ファミリー・コンフリクト（work-family conflict）」として概念化されることが多い。このコンフリクトが生じると，仕事面でのパフォーマンス低下につながることから，それを軽減するためにWLB施策が重要になる。

　コンフリクトは，職場での役割遂行が家庭に影響を及ぼす「仕事領域から家族領域へ（work-to-family conflict）」と，その反対の「家族領域から仕事領域へ（family-to-work conflict）」と，2つの方向性を区別して議論される。Greenhaus and Beutell（1985）は，コンフリクトの3つの側面，「時間（time-based）」「負担（strain-based）」「行動（behavior-based）」を提示し，ワーク・ファミリー・コンフリクト研究の理論を発展させた。一方の役割を果たそうと

すると「時間」の制約により他方の役割が果たせなくなる，一方の役割による「ストレス」などが別の役割にネガティブな影響を及ぼす，一方の役割に求められる行動（たとえば家庭で求められる情緒的な行動）が他方の役割が求める行動（たとえば仕事で求められる合理的な行動）との間で摩擦を起こす，という葛藤の3つの側面である。仕事と家庭という個人にとっていずれも重要な領域からの要求をうまく調整できないことが，個人の心理にネガティブな影響をもたらすと考えられた。

「コンフリクト」研究が，複数の役割を果たす上での個人の葛藤というマイナスの側面に注目するのに対して，仕事と家庭の役割が相互に支えあう側面に注目するのが「エンリッチメント」の概念で，一方の役割経験が他方の役割領域での生活の質を高めるという考え方である（Greenhaus & Powell, 2006）。時間という有限な資源に着目すると，一方が増えると他方が減るというゼロ・サムに直面するが，心的なエネルギーや能力は有限ではないので，双方が補完し合いながら相乗的にポジティブな関係を作ることができると考えられた。エンリッチメントについても，「仕事領域から家族領域へ」と，その反対の「家族領域から仕事領域へ」という2つの方向性があるとされる。Carlson et al.（2006）は，「仕事から家庭へのエンリッチメント」として，能力向上（スキル，知識，視野の拡大），情緒（良い気分），資本（金銭的・心理的なもの）の3つを，「家庭から仕事へのエンリッチメント」として，能力向上，情緒に加えて効率（効率性の向上や集中など）をあげている。同様の概念に，「ポジティブ・スピルオーバー」[1]があり，一方の役割から他方の役割に流出するポジティブなものを指す。「エンリッチメント」「ポジティブ・スピルオーバー」は似た概念であり，その区分は曖昧である[2]。仕事と家庭のポジティブな関係が生じる要因として，性格などの個人要因の他に，職務の自律性やスキル多様性などの職務要因，上司や同僚の支援という職場要因があるとされ（Poelmans et al, 2008），こうした状況を実現する上で職場における施策が重要となる。

⑷　両立支援策の経営的な効果

仕事と家庭の両立支援策を進めることが企業経営にとってどのようなメリッ

トがあるのかについては，制度を定着させる上で重要な研究テーマであり，多くの実証研究が行われてきた。企業の施策導入へのインセンティブを高めるという観点からは，施策が企業業績に及ぼす直接的な効果に社会的な関心が集まる傾向がある。しかし，両立支援策が業績を高めることを実証することは難しい。特定の人事施策を実施すれば企業業績が高まるという関係が安定的に生じることは極めて稀であり，ある人事施策の実施が人材活用の効果を高め，他の人事施策等との相互作用によって結果として業績といった経営パフォーマンスを高めると考える方が妥当である。

　武石（2006a）は，両立支援策を含むWLB施策の経営的な効果について，英米の関連する研究をサーベイしている。英米の研究では，「両立支援策」として，育児休業制度，事業所内託児所などの特定の場面に特化した施策，それら施策の組み合わせ，さらには柔軟な勤務制度など働き方の柔軟性にかかわる施策などが対象となっている。両立支援策の効果に関する既存文献サーベイを行ったDex & Scheibl（1999）は，両立支援策の実施は，追加的な管理コストや混乱コストなどのマイナス面がある一方で，採用，定着，従業員のモラール，企業イメージなどにプラスの効果が期待され，トータルでみれば企業にとってメリットの方が大きいことを導いた。施策の実施を経営面でのメリットにつなげるためには，職場の管理者の理解があること（Staines & Galinsky, 1992）や，制度の利用可能性を従業員が認知するような運用面での対応が重要であること（Eaton, 2003），といった促進要因が存在することが強調されてきた。

　日本での実証研究としては佐藤・武石編著（2008）が網羅的なものとなっている。この研究では，両立支援策が企業経営にもたらす効果について，①人材確保，②従業員の定着（リテンション），③従業員のモチベーション，への効果を通じて，④企業業績，⑤株式投資収益といった経営指標へのパス（経路）をもたらす，という仮説を提示して検証している。両立支援策は，採用や定着には一定の効果があるが，両立支援策が単独で企業にメリットをもたらす範囲は限定的であり，女性の活躍を推進する取組や人材開発戦略などとの組み合わせにより効果を発揮することが重要な点といえる。この点については，坂爪（2002）の研究でも同様の結果を導いている。つまり，両立支援策（ファミ

リー・フレンドリー施策）は，従業員の働きがい，働きやすさに影響があること，女性の離職を抑制する効果があることを導くとともに，施策間での交互作用が認められることから，人事施策の内的整合性を考慮することの重要性が指摘されている。

　両立支援策と業績の関連を直接分析した研究としては，阿部・黒沢（2008）が先駆的な研究となる。この研究では，両立支援策が業績を高めるのではなく業績の高い企業が施策を充実させるという逆の因果を排除するために，制度導入後の業績の伸びを分析するという方法で，因果の向きが判別できない内生性の問題[3]に対処した。分析の結果，両立支援策はそれだけでは効果がなく，女性の能力発揮を進める均等施策と併せて実施することにより効果が表れることに加え，その効果は時間をかけて強化されることから制度の習熟効果（施策の意義の浸透や運用ノウハウの蓄積など）を指摘している。山本・松浦（2012）も施策導入と業績の内生性の問題を除去するために，1990年代以降のパネルデータを用いてWLB施策が企業の中期的な生産性に及ぼす影響を分析し，WLB施策の導入だけで生産性が向上するのではなく，採用や育成のコストが高いという意味で労働の固定費用の大きい企業，女性の活躍が進んでいるという点で男女均等施策を進めている企業，といった条件を満たす場合に，WLB施策の効果があることを示した。

　WLB施策は，女性が働く環境を整備する上で極めて重要であるが，特に女性の能力発揮を進めるという明確な方針があることでその効果が期待できることが明らかにされている。

3　出産・育児期の女性のキャリア

⑴　高まる就業継続

　図表1-5に示したように，1990年代以降両立支援制度自体は充実してきたにもかかわらず，多くの女性が妊娠・出産を契機に離職し，全体でみると就業継続が増えないという状況が続いていたが，2000年代半ば以降，この状況に変

化がみられるようになってきた。第1章でも指摘したように，3歳未満の子を
もつ女性の有業率は近年になって急速に上昇している。両立支援策の充実化の
動き，つまり運用をはじめとする施策の定着化が進んだことがその背景にある
と考えられる。

　育児休業制度が出産・育児期の女性の就業継続にもたらす効果に関しては，
育児休業法施行後の1990年代に多くの研究が行われ，樋口（1994），森田・金
子（1998），滋野・大日（1998）などにより，プラスの影響が明らかにされて
いる。同時に，出産後も雇用継続の見込みが高まることで，結婚時の就業継続
を高める効果も指摘されている（池田，2007）。また，育児休業制度と家族・
親族の育児援助や保育所との組み合わせが重要である（今田・池田，2006），
制度を利用しやすい職場環境が重要である（武石，2006b），などの研究により，
単なる制度導入にとどまらず，利用環境の整備などを併せて実施することの重
要性も明らかになってきた。

　両立支援策の効果をデータで確認すると，特に制度へのアクセスがしやすい
正規雇用の女性の就業継続への効果が顕著である。図表4-2に示したように，
正規労働者の女性の第一子出産後の就業継続率は，育児休業制度利用率の高ま
りとともに上昇傾向にあり，現在では5割を超えている。一方で，有期契約の
パート・派遣労働者の就業継続は低調で，育児休業の利用も非常に少ない。
1990年代後半以降，若年女性の非正規化が進んできているために，正規労働者
の就業継続率が上昇しても，一方で非正規化によりそれが相殺されてしまって，
女性全体でみると，就業継続率の大幅な改善がみられないという問題もある。
非正規労働者も両立支援制度を活用して就業継続できるようにすることが課題
であるが，これに関しては2017年1月施行の改正育児・介護休業法で対応がな
され，有期契約労働者の制度取得条件が緩和されており，その効果検証が待た
れるところである。

　また，社会的な視点からみると，仕事と育児の両立を支援する制度が少子化
傾向を抑止する効果があったのか，という点も重要である。これに関しては，
樋口（1994），駿河・西本（2002）などの研究により，仕事と育児の両立支援
が子の出生にプラスの効果をもたらすことが示されており，出生率という社会

問題の解決にも一定の効果をもたらしたと評価できる。

⑵　女性のキャリア形成への影響

　仕事と育児の両立支援策の充実化が，女性の就業継続を高める方向で効果があったことは評価できるが，一方で，制度利用が増えていくことに伴う課題も顕在化してきた。

　Ruhm（1998）は，ヨーロッパ諸国のデータを用いた分析により，育児休業が女性の就業を促進するが，取得期間が長くなると賃金が低下することを示した。Albrecht et al.（1999）も，スウェーデンのパネルデータを用いて育児休業等の長期休暇取得が賃金に及ぼすネガティブな影響を明らかにし，休業が人的資本を摩耗すること，また制度利用の賃金ペナルティが男性で大きいことから休業取得が仕事へのコミットメントが低いことのシグナルとしてみなされる可能性を示唆した。一方でアメリカのデータを用いて分析したWaldfogel（1998）では，育児休業制度利用の賃金ペナルティはみられないとしている。育児休業制度に関する法的な枠組みは国により異なることが，この結果の差をもたらしている可能性がある。エステベス-アベ（2011）は，育児支援が充実している北欧において，手厚い所得保障がある育児休業を取得するのは主として女性であることから，民間企業では女性管理職が少ない，男女間賃金格差が縮まらないという現状をもたらしていると指摘している。

　日本のデータでこれを確認した武内・大谷（2008）は，育児休業を取得する女性は出産前から賃金プレミアムをもつような属性，つまり一定の所得や地位がある女性であり，休業取得の賃金ペナルティがこうした属性により相殺されるために，結果として賃金ペナルティが見いだせないことを導いた。

　確かに，かつては育児休業制度をはじめとする両立支援策は，職場環境に恵まれた一部の女性が利用できるものであったかもしれないが，現在は多くの企業で多様な女性が利用するようになった。また，複数の子がいるケースなどでは，制度の充実化により，育児休業制度や短時間勤務制度を利用し続けることができ，結果として長期にわたってフルタイム勤務をしないケースも増加している。必要な制度が利用しやすくなることは歓迎すべきだが，出産・育児期に

離職せずに継続就業している女性のキャリア形成という観点から，新たな課題が提起されるようになってきた。

周（2016）は，育児休業取得期間が長くなると管理職登用率が低下し，休業期間が13か月以上になると管理職昇進にマイナスの影響を及ぼすことを示している。両立支援策により女性が就業継続をしながら，一方で責任が軽く昇進可能性が低いキャリアパターンをたどることになる，いわゆる「マミートラック」でのキャリア形成になってしまいかねない状況が懸念されるようになってきた。

⑶　育児期の仕事経験

　一般的に，女性が妊娠・出産後も就業を継続する場合には，出産時に産前・産後休業を取得し，その後1年前後の育児休業を経て職場復帰をすることが多い。当然のことながら育児休業は希望者が必要な期間を取得するものなので，休業せずに復帰する女性もいるが，そうした選択をする女性は少数である。産前・産後休業，育児休業という長期の休業期間を経て職場復帰する際には，法律で企業に制度導入を求めている育児のための短時間勤務制度を利用する女性が増えている。また，短時間勤務以外にも，所定外労働免除を申請したり，時差勤務を利用したりするなど，育児責任のない他の同僚とは異なる働き方で出産後の職場復帰をする女性が多い。

　特に制度利用者が多い短時間勤務制度は，2010年に施行された改正育児・介護休業法により，子が3歳未満の場合に措置義務となった。育児期には，保育園の送迎など勤務時間を短縮して働くことが有効なことが多く，短時間勤務制度は，労働者から強いニーズがある。そのため，前述のように，制度利用可能期間を小学校入学まで，あるいは小学校入学後も利用できるよう，法定の期間を大幅に超えた制度を導入する企業も増えている。短時間勤務制度は，育児など仕事以外のプライベートな生活との調和を図るためには，重要な働き方のオプションであることは間違いない。

　しかし，短時間勤務制度利用に伴い，利用者に任される仕事内容が限定的になり，キャリア形成にマイナスの影響を及ぼしかねないことが明らかになって

きた。

　松原（2012）は，短時間正社員の仕事内容は制度利用中はほとんど変化しないことを明らかにし，制度利用期間が長期化すると能力開発に必要な仕事と疎遠になり，職業能力を高める機会から外れてキャリア形成機会を喪失する可能性を指摘している。

　武石・松原（2017）では，短時間勤務制度を利用した部下をもつ職場の管理職に対して，当該の部下の制度利用時の業務内容などに関して調査を行っている[4]。短時間勤務者が担当する『仕事の量』を同等の職位のフルタイム勤務者と比べた場合に，「多い」が6.5％，「少ない」が39.8％，「同じ」が53.8％と半数程度である。『仕事の質』に関しては，「難易度が高い」が12.3％，「難易度が低い」が13.6％で，「同じ」が74.1％と多数を占めている。しかし，細かくみると，仕事内容に変化が生じているケースが少なくない。短時間勤務制度に伴う業務内容の変化を制度利用者の上司に尋ねた結果を図表4-4に示したが，「社内の他部門との会議や打ち合わせ」や「顧客など社外関係者との会議や打ち合わせ」については，フルタイム勤務時にそれぞれ51.0％，34.5％が行っていたが，短時間勤務によりそれぞれ19.3％，14.9％で制約が生じているとしている。短時間勤務でも仕事の質は「同じ」という回答が多いが，打ち合わせやトラブル対応などの業務に制約が生じるとの回答が一定割合存在しており，業務内容を細かく分解すると変化が生じている可能性がある。また，同じ調査で短時間勤務中に難易度が低い仕事を任せると，職場のパフォーマンスや制度利用者のキャリアにネガティブな影響が出る可能性も示されている。

　武石（2013）は，短時間勤務者に対するインタビュー調査から，短時間勤務者の仕事の特徴として，以下のような特徴があることを明らかにしている。

①　あらかじめスケジュールの見通しがつき，突発的な対応が求められないこと
②　短納期で締切に追われるようなタイプではなく，一定の期間の中である程度の裁量をもって処理できるような仕事であること
③　職場以外との調整，とりわけ社外との調整や交渉が少ないこと
④　一人で責任を担わないですむようなサブ的な仕事であること

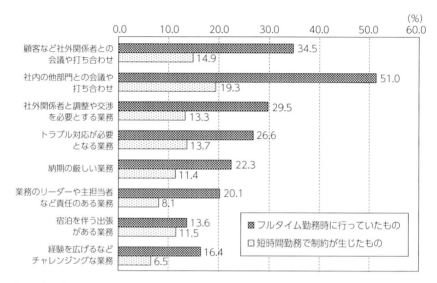

図表4-4 フルタイム勤務時に行っていた業務と短時間勤務により制約が生じた業務

注：分析対象は，短時間勤務制度を利用した部下をもったことがある上司（部長，課長）である
出所：武石・松原（2017）

　武石（2013）の研究では，短時間勤務者の上司に対するインタビュー調査も実施しているが，上司からも，制度利用に伴い，仕事経験が制約されキャリア形成を阻害する可能性が指摘されている。仕事をしていると，試行錯誤，不条理な問題解決，トラブル対応など，一見遠回りで無駄なようにみえる仕事が多いが，実はそうした経験がスキル形成につながることも多い。ところが短時間勤務をしていると，そうした仕事が割り振られなくなり，一見「余計な仕事」にみえる経験を回避することによって，仕事の本質に触れる経験が少なくなってしまうという問題になる。短時間勤務をしていると出張も制約されることが多いが，これもキャリア形成上の阻害要因となる。

　キャリア形成面でのもう1つの課題は，職場間の「異動」の制限である。企業の中での「異動」は，特に日本企業では人材育成面での効果が期待されている。しかし短時間勤務制度を利用していると，受け入れる異動先の職場が限定

されるという問題がある。1つには，「引き取り手がない」という異動先確保が難しいという事情である。短時間勤務の者を積極的に受け入れる職場は少ないために，制度利用中は職場間の異動がしにくくなる。同時に，制度利用者も，短時間勤務をしながら新しい職場で慣れない仕事をすることへの躊躇から，異動には消極的になりがちである。

4　女性の継続的なキャリア形成のための課題

⑴　制度対応における課題

　育児休業制度や短時間勤務制度などの両立支援制度が充実化の方向に進んできたことは，女性の就業継続を促したという点で評価できる。女性が着実にキャリアを形成するためには，女性の離職を防止するための施策は欠かせない。そのため，育児休業期間の長期化や短時間勤務などの柔軟な働き方の制度を，より充実させる方向で検討する企業も多い。

　しかし，現実に制度利用者の仕事経験が制約され，それにより仕事への意欲低下を招き，さらには長期的なキャリア形成に影響が出るような状況が出てきている点にも注意しなければならない。特に，育児関連の施策利用は，社会における性別役割分業意識を反映して女性に偏在する傾向が強い。制度をもっぱら女性だけが利用している現状を踏まえると，両立支援策の充実化を進めることが，結果として女性の能力発揮やキャリア形成を阻害することになりかねないことに留意しなくてはならない。両立支援策が，自社の人材活用策においてどのような意味をもち，制度にどのような効果を期待し，またどのような利用の実態にあるのかを把握しつつ，制度内容を検討する必要がある[5]。

　以上のような留意点を踏まえると，休業や短時間勤務などの両立支援策の利用期間を長期化することに関しては，従業員から強い希望が表明されがちだが，それ以上に，後述する「働き方改革」を優先させ，両立支援策に過度に依存しないでも仕事と育児の両立ができる体制整備を進めることが重要である。その上で，両立支援策が育児期を通じた女性のキャリア形成と整合させる形で活用

されるための方策を検討する必要がある。たとえば，現行育児・介護休業法で義務付けている短時間勤務制度は，連続した期間としている，短縮時間数の選択肢が少ない（法律では1日6時間勤務を義務化している），というように制度利用の柔軟性が低いという問題がある。また，職場の運用においても，勤務時間帯を固定化している，制度利用者の残業を一律制限している，などの硬直的な運用の実態もある。こうした制度内容や運用状況では育児期の多様な状況に臨機応変に対応することが難しくなることから，制度の長期化以上に柔軟化という選択肢を検討することが有効なケースも多い。

⑵　個別性への対応

　上述してきたように，日本の職場では，育児期に働き方が変わることに伴って仕事の内容が変化し，制度利用者のキャリア形成面で支障を来すことが多い。高い能力をもつ人材に対して，能力に見合わない質の仕事を任せることは，労働者個人のキャリア形成という観点のみならず，個々の能力を十分に活かせないという点から組織にとっても問題である。したがって，育児負担の程度や長期的なキャリアビジョンの個別性を踏まえて，個々に状況を把握して適切に仕事配分を進めることが必要になる。

　妊娠・出産・育児期の業務変更に関しては，2014年10月に最高裁が示した判断が，いわゆる「マタハラ裁判」[6]として注目された。判決のポイントは，妊娠・出産などを理由に異動や業務を変更する場合に本人の承諾があることを重視している点，その前提として業務内容が変わることによるメリット・デメリットを職場として検討することの重要性を指摘している点，の2点である。判決では，事業主が女性労働者に対して行った措置（降格を伴う軽易業務転換措置）が女性のキャリアに与える影響などについて，十分な検討・説明がなされていないことに対して，問題指摘がなされている。

　妊娠・出産・育児期の女性に対する企業・職場の対応に関しては，退職勧奨や正規から非正規への雇用形態の変更など，明確な不利益取扱いだけでなく，妊娠したら営業の第一線から間接部門に異動させるなどの「一律的な対応」，あるいは，妊娠・育児期は特別な配慮が必要だと考えて忙しい部署から忙しく

ない部署に異動させたり，打ち合わせや会議の多い業務から一人で完結できるような業務に変えたりする「過度な配慮」がなされることが多い。平野（2015）は，この状況を，「男性のパターナリズムに基づく『優しさの勘違い』」として問題視する。

　育児期の働き方の希望は，個々人の仕事に対する姿勢や育児の状況により多様である。この個別性を認識した対応が行われないと，女性のキャリア形成にダメージを与えることとなる。

⑶　適切な仕事配分

　女性の長期的なキャリア形成という観点から，育児期の仕事配分のあり方は極めて重要である。育児をしていることや，育児のための両立支援制度を利用することに伴い仕事配分が変更になることのデメリットは，本人以上に職場の状況を理解している管理職の方が正しく認識していることも多い。育児をしている女性と上司が，育児中の働き方などについて話し合い，制度の効果的な利用を女性従業員自らが主体的に考えるような仕組みが必要となる。

　武石（2015）は，両立支援制度利用者が希望する仕事に就いている場合には，業務の質に変化がみられないことを示した（図表4-5）。また，育児中に自身の希望が反映されて仕事配分がなされると，仕事へのやりがいを感じる割合も高くなる（図表4-6）。制度利用中に仕事の質を変えないことは，制度利用者のキャリアのみならず，利用者の職場のパフォーマンスを下げないという点で重要である。

　武石・松原（2014）は，イギリス及びドイツで育児などを理由に短時間勤務制度を利用するケースのインタビュー調査を実施した結果，仕事配分において責任の軽い仕事など質の変化を伴うケースは少数であるとしている。仕事内容を決める際には，制度利用者本人と職場の管理職の間のコミュニケーションにより，本人が納得する形で仕事が割り振られていることを紹介している。たとえば，育児をしていると，繁忙時における残業や，宿泊を伴う出張など，他の従業員と同様に業務対応することは難しくなる。しかし，だからといって一律的に残業や出張が必要な業務から外すということは行わない。業務遂行にあ

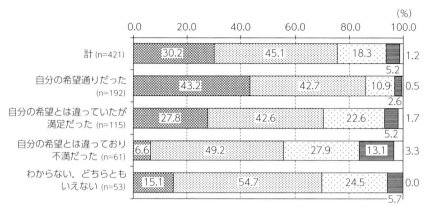

図表4-5 短時間勤務制度利用時の仕事の希望状況と仕事の変化の状況

注：分析対象は，妊娠時に「正社員・職員」で，短時間勤務を利用したことがある女性である
出所：武石（2015）より

たって残業や出張などが不可欠な場合もあるため，そのときには，制度利用者の対応が求められる状況を予測して制度利用者の希望を確認し，その上で仕事の配分が行われる。制度利用者自身も，育児などを理由に仕事の負荷の軽減が図られれば，それが長期的なキャリアにネガティブな影響を及ぼす場合が多いことを理解しているため，仕事の質を変えないで責任を果たす方策を工夫する。組織側の要請と制度利用者側の事情について，職場内でのコミュニケーションを通じて擦り合わせが行われた上で，仕事の配分が決定される。

　一方で日本の職場の実態についてみると，実際に制度利用者のキャリアに関し懸念をもつ管理職も，その点に関して制度利用者とのコミュニケーションが十分に取れているわけではない。また仕事への意欲が高い制度利用者の中には，もっと重要な仕事をしたいが，自分からは言い出せないと躊躇するケースもある。与えられている仕事では十分に責任が果たせていないという納得できない思いをもちつつ，制度を利用している間に将来への展望が描きにくくなり，制

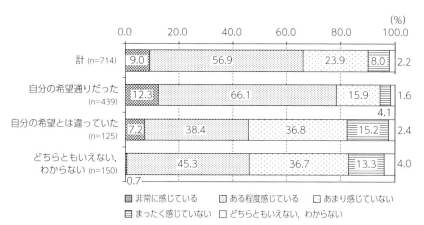

図表4-6｜育児休業取得後の仕事の希望状況と現在の仕事へのやりがい

注：分析対象は，妊娠時に「正社員・職員」で，育児休業取得後職場復帰した女性である。
　　「仕事のやりがい」は，「現在の仕事にやりがいを感じていますか」という質問に対して「非常に
　　感じている」から「まったく感じていない」までの5段階で回答を求めたものである。
出所：武石（2015）より

度利用が長期化し，それによってさらに仕事経験が積めなくなるという悪循環
に陥るケースが散見されるようになってきた。

　こうした課題は，育児期の働き方や仕事の配分にあたって，職場の中で，上
司と制度利用者との話し合いが不足していることに起因するとみられる。制度
利用者は育児責任を担っているために，日常的な保育園の送迎などをはじめと
する時間の制約が大きいことに加えて，急な子どもの病気など家庭の状況に対
応せざるを得なくなることもある。そこで，社内外との調整や交渉などが必要
な業務を任せるのは難しいと一方的に判断されて，仕事配分が行われることは
少なくない。また，短時間勤務者には，一切時間外労働をさせてはいけない，
家でメールをチェックすることも禁止する，といった厳格な運用が行われるこ
とがあり，これによって与えられる仕事に大きな制約条件が発生してしまうこ
とになる。

　育児負担の大きさや仕事への希望は，状況に応じて変化することを前提に，
職場の中で育児期の働き方について双方向のコミュニケーションを図ることが

重要である。

⑷　男性の育児と重要な働き方改革

　女性が育児期を通じて継続的なキャリア形成を行うことを支援しようとするのであれば，育児というライフイベントを，ことさら特別視しないことも重要である。休業や短時間勤務など，育児期に働き方を変えることができることは重要だが，それに依存しすぎてキャリア形成がおろそかになってしまっては本末転倒である。

　育児期にキャリア形成が制約される要因として，育児をしていない従業員の働き方の問題が重要になる。この点を解決しないと，育児責任をもつ従業員のために過度な制度や配慮が必要となる。たとえば，育児短時間勤務制度を利用する女性の中には，定時の終業時間で帰宅できるのであればあえて制度を利用する必要はないにもかかわらず，制度利用をやめると残業前提の働き方になるために制度を限度まで利用し続けるケースが少なくない。育児のみを特殊な状況とせずに，仕事と生活のバランスがとれる働き方を前提とすることは不可欠である。

　働き方改革を進めることは，男性の育児とも表裏一体である。現状では，育児期における仕事との両立は，主に女性の問題ととらえられる傾向が強いが，父親が子育てにもっと関わっていくことは，女性のキャリア形成の観点から重要性が高い（佐藤，武石，2004）。

　男性の育児に関しては，近年になって様々な施策が展開されて始めており，男性の育児休業100％を目標に掲げる企業の事例も出てきている。ただし，育児休業制度は労働者の自発的な希望で取得するものである。この前提を踏まえつつ，育児休業を取得したい，働き方を見直して育児をしたいという男性の希望も高まっており，こうしたニーズを実現する施策が求められている。

　男性の育児への関わりが強まることは，妻が勤務する企業にとってもメリットがある。夫婦で子育てをする場合を考えると，母親がもっぱら育児の責任を担っている場合，母親が勤務する企業が両立支援の負担をしていることになる。この状況は，妻の勤務先からみると不合理である。夫の子育てへの関わりが増

えれば，自社の女性従業員に重要な仕事を任せて高いパフォーマンスを引き出すことができる。

　男性の育児への関わりを高める上で，女性の意識や行動も重要である。女性が育児は自身の役割と思い込む，あるいは夫が多忙であるために夫と育児をすることをあきらめてしまう，というケースがある。夫婦でどのように育児を担っていくのかは，それぞれのカップルの判断に委ねられるべきではあるが，これにより女性だけがキャリア形成へのネガティブな影響を甘受しているとすれば不合理である。それにより妻側の職場が夫の職場に比べて子育て負担を多く引き受けてしまっているということを考慮すると，育児責任の分担は極めて個人的な問題のようであるが，視点を変えると職場の支援にも影響を及ぼしている組織的な問題であることを理解することも必要となる。

POINTS

◆　女性のキャリア形成において，出産・育児期のライフイベントに企業として適切に対応することは極めて重要である。出産・育児を理由にした女性の離職を減らし，さらに育児期を経ても継続して就業できるようにするために，仕事と出産・育児の両立支援策の充実化が図られ，その結果就業継続する女性が増えている。

◆　仕事と育児の両立支援策は，人材活用を有効にするための重要な人事施策である。両立支援策により仕事と育児の両立が容易になることは，経営的なメリットがあり，それ故に制度導入が進んできている。

◆　ただし，両立支援策に依存して育児期を乗り越えようとすると，制度利用が女性に偏在している現状においては，女性のキャリア形成にマイナスの影響を及ぼすことになる。制度導入の経営的な意義を確認した上で制度化を進め，さらに制度運用にあたっては，管理職などが，育児期の女性の就業ニーズの多様性に配慮して，本人とのコミュニケーションを図りながら適切な仕事配分によりキャリア形成を進めることが不可欠である。また，その前提として働き方改革や男性の育児への参画を進めることが必要である。

注

1 「スピルオーバー」には,「ネガティブ・スピルオーバー」の存在も指摘されている。
2 同様の概念に,複数の役割に携わることで個人がもつ心理的,社会的資源が強化される「エンハンスメント（Enhancement; Ruderman et al., 2002)」,1つの役割に携わることで得られる資源が,別の役割遂行を容易にする相乗効果の一形態である「ワーク・ファミリー・ファシリテーション（Wayne et al., 2004)」などがあげられる。
3 「内生性」の問題とは,両立支援策と業績という2つの変数の因果関係について,どちらが原因でどちらが結果かが判別しにくいことである。分析に当たっては,因果関係を明確にするための分析方法を用いて,内生性の問題に対処する必要がある。
4 同調査は,日本学術振興会科学研究費助成事業（基盤研究（B）課題番号24330126,研究代表者：武石恵美子）の助成を受けて実施している。
5 特に短時間勤務制度利用に関しては,東京大学ワーク・ライフ・バランス推進・検討プロジェクト（現 中央大学大学院戦略経営研究科 ワーク・ライフ・バランス＆多様性推進・研究プロジェクト）が提言を行っており,これは佐藤・武石（2014）に詳しい。
6 2014年10月23日の最高裁判決（広島中央保健生協事件）。妊娠中の軽易な業務への転換に伴い降格措置がとられ,育児休業終了後も降格の状況が続いた事案で,降格させた措置が男女雇用機会均等法第9条第3項（妊娠,出産等を理由とする不利益取扱いの禁止）に違反し違法・無効なものになりうると判断した。

参考文献

阿部正浩・黒澤昌子（2008）「企業業績への影響」佐藤博樹・武石恵美子 編著『人を活かす企業が伸びる－人事戦略としてのワーク・ライフ・バランス』勁草書房,pp.119-137.

池田心豪（2007）「女性の結婚・出産と雇用継続―育児休業制度の効果を中心に」労働政策研究・研修機構 編『仕事と生活―体系的両立支援の構築に向けて』労働政策研究・研修機構,pp.98-120.

今田幸子・池田心豪（2006）「出産女性の雇用継続における育児休業制度の効果と両立支援の課題」『日本労働研究雑誌』No.553,pp.34-44.

エステベス－アベ,マルガリータ（2011）「男女雇用均等の制度的要件の国際比較―日本の男女間格差はなぜ根強いのか」『日本労働研究雑誌』No.615,pp.52-62.

坂爪洋美（2002）「ファミリー・フレンドリー施策と組織のパフォーマンス」『日本労働研究雑誌』No. 503, pp. 29-42.

佐藤博樹（2011）「ワーク・ライフ・バランスと働き方改革」佐藤博樹・武石恵美子 編著『ワーク・ライフ・バランスと働き方改革』勁草書房,pp.1-26.

佐藤博樹・武石恵美子（2004）『男性の育児休業－社員のニーズ,会社のメリット』中央公論新社.

佐藤博樹・武石恵美子 編著（2008）『人を活かす企業が伸びる－人事戦略としてのワーク・ライフ・バランス』勁草書房.

佐藤博樹・武石恵美子（2010）『職場のワーク・ライフ・バランス』日本経済新聞出版社.

佐藤博樹・武石恵美子（2014）「短時間勤務制度利用の円滑化―どうすればキャリア形成につながるのか」佐藤博樹・武石恵美子 編著『ワーク・ライフ・バランス支援の課題』東京

大学出版会，pp.83-96.

滋野由紀子・大日康史（1998）「育児休業制度の女性の結婚と就業継続への影響」『日本労働研究雑誌』No.459，pp.33-49.

周燕飛（2016）「育休取得は管理職登用の妨げとなっているか」『季刊家計経済研究』No.111，pp.53-62.

駿河輝和・西本真弓（2002）「育児支援策が出生行動に与える影響」『季刊社会保障研究』Vol.37，No.4，pp.371-379.

武石恵美子（2006a）「企業からみた両立支援策の意義－両立支援策の効果研究に関する一考察」『日本労働研究雑誌』No.553，pp.19-33.

武石恵美子（2006b）『雇用システムと女性のキャリア』勁草書房.

武石恵美子（2013）「短時間勤務制度の現状と課題」『生涯学習とキャリアデザイン』Vol.10，pp.67-84.

武石恵美子（2015）「妊娠・出産・育児期における女性のキャリア形成の課題―妊娠差別に関する最高裁判決を受けて」『生涯学習とキャリアデザイン』Vol.12，No.2，pp.13-24.

武石恵美子・松原光代（2014）「イギリス，ドイツの柔軟な働き方の現状－短時間勤務制度の効果的運用についての日本への示唆」『生涯学習とキャリアデザイン』vol.11，pp.15-33.

武石恵美子・松原光代（2017）「短時間勤務制度利用者のキャリア形成－効果的な制度活用のあり方を考える」佐藤博樹・武石恵美子 編著『ダイバーシティ経営と人材活用―多様な働き方を支援する企業の取り組み』東京大学出版会，pp.135-155.

武内真美子・大谷純子（2008）「両立支援制度と女性の就業二極化傾向」『日本労働研究雑誌』No.578，pp.67-87.

内閣府（2013）『平成25年版男女共同参画白書』.

樋口美雄（1994）「育児休業制度の実証分析」社会保障研究所 編『現代家族と社会保障―結婚・出生・育児』東京大学出版会，pp.181-204.

平野光俊（2015）「企業経営と女性活躍推進の課題－キャリア自己効力感に着目して」『日本労務学会誌』Vol.16，No.2，pp90-99.

松原光代（2012）「短時間正社員制度の長期利用がキャリアに及ぼす影響」『日本労働研究雑誌』No.627，pp.22-33.

三菱UFJリサーチ＆コンサルティング（2017）『平成28年度仕事と家庭の両立に関する事態把握のための調査研究事業報告書（厚生労働省委託事業）』.

森田陽子・金子能宏（1998）「育児休業制度の普及と女性雇用者の勤続年数」『日本労働研究雑誌』No.459，pp.50-62.

矢島洋子（2014）「女性の能力発揮を可能とするワーク・ライフ・バランス支援のあり方」佐藤博樹・武石恵美子 編著『ワーク・ライフ・バランス支援の課題』東京大学出版会，pp.59-82.

山本勲・松浦寿幸（2012）「ワーク・ライフ・バランス施策と企業の生産性」武石恵美子 編著『国際比較の視点から日本のワーク・ライフ・バランスを考える－働き方改革の実現と政策課題』ミネルヴァ書房，pp.35-62.

労働政策研究・研修機構（2011）『労働政策研究報告書 No.136　出産・育児期の就業継続―2005年以降の動向に着目して』.

Albrecht, James W., Per-Anders Edin, Marianne Sundström & Susan B. Vroman （1999）
"Career interruption and subsequent earnings : A Reexamination Using Swedish Data,"
Journal of Human Resources, Vol.34, No.2, pp. 294-311.

Carlson, Dawn S., K Michele Kacmar, Julie Holliday Wayne & Joseph G. Grzywacz (2006)
"Measuring the Positive Side of the Work–Family Interface: Development and Validation
of a Work–Family Enrichment Scale," *Journal of Vocational Behavior*, Vol.68, No.1,
pp.131-164.

Dex, Shirley & Friona Scheibl （1999） "Business Performance and Family-Friendly
Policies," *Journal of General Mnagement*, Vol. 24, No.4, pp.22-37.

Eaton, Susan C. （2003） "If You Can Use Them: Flexibility Policies, Organizational
Commitment, and Perceived Performance," *Industrial Relations*, Vol.42, No.2, pp.145-167.

Greenhaus, Jeffrey H. & Nicholas J. Beutell, (1985) "Sources of Conflict between Work and
Family Roles," *Academy of Management Review*, Vol.10, No.1, pp.76-88.

Greenhaus, Jeffrey H. & Gary N. Powell （2006） " When work and family are allies : A
theory of work-family enrichment," *Academy of Management Review*, Vol.31, No.1, pp.72-
92.

Poelmans, Steven, Olena Stepanova & Aline Masuda （2008） " Positive Spillover Between
Personal & Professional Life: Definitions, Antecedents, Consequences, & Strategies," in
Karen Korabik, Donna S. Lero & Denise L. Whitehead (eds.), *Handbook of Work-Family
Integration: Research*, Theory, and Best Practices, pp. 141-156

Ruderman, Marian N., Patricia J. Ohlott, Kate Panzer & Sara N. King （2002）. "Benefits of
Multiple Roles for Managerial Women," *Academy of Management Journal* , Vol. 45, No. 2,
pp. 369-386.

Ruhm, Christopher J. （1998） "The Economic Consequences of Parental Leave Mandates:
Lessons from Europe, " *Quarterly Journal of Economics*, Vol.113, No.1. pp.285-317.

Slaughter, Anne-Marie （2015） *Unfinished Business : Women Men Work Family*, New York
: Random House （篠田真貴子 解説・関美和 訳 （2017）『仕事と家庭は両立できない?－
「女性が輝く社会」のウソとホント』NTT出版）.

Staines, Graham L.& Ellen Galinsky （1992） "Parental Leave and Productivity: The
Supervisor's View," in Dana E. Friedman, Ellen Galinsky & Veronica Plowden (eds.),
Parental Leave and Productivity, Families and Work Institute, pp.21-32.

Waldfogel, Jane （1998） "The Family Gap for Young Women in the United States and
Britain: Can Maternity Leave Make a Difference? ," *Journal of Labor Economics*, Vol. 16,
No. 3, pp.505-545.

Wayne, Julie Holliday , Nicholas Musisca, & William Fleeson （2004） Considering the Role
of Personality in the Work-family Experience : Relationships of the Big Five to Work-
family Conflict and Facilitation. *Journal of Vocational Behavior*, Vol.64, No.1, pp.108-130.

第 **5** 章

女性の昇進

　ジェンダーの観点からダイバーシティ経営を展開する上で，女性の管理職登用をいかに進めるか，ということは多くの国に共通するテーマであるが，とりわけ日本の女性管理職比率は，国際的にみても極めて低調であり，多くの問題がある。女性の昇進をめぐる問題は，労働市場や企業組織において男女がどのように位置付けられているのかという組織内のジェンダー構造，さらにはそれを規定する社会のジェンダー構造と深く関わるという点で，雇用の分野における男女間格差という本質的な問題に接近することになる。女性の活躍において女性の管理職比率が注目されるのは，女性が企業に定着しキャリア形成ができているか，つまり採用から異動や育成において女性に男性と同様のチャンスが与えられているか，という点を確認できる成果指標といえるからである。

　そもそも従来の昇進研究では，昇進している女性が少ないために結果として男性の昇進が主たる対象となっており，日本の年功的な昇進，長期の競争による遅い昇進といった特徴が指摘され，そのメリットが強調されてきた。しかしこの仕組みに女性の昇進を阻む背景があり，日本企業で女性が管理職に登用されにくい構造を生んでいたといえる。女性が管理職を希望しない，という女性側の課題があることも事実だが，それは，女性が置かれた状況や，男性が大多数を占める現状の管理職の働き方などの状況が女性の昇進意欲にネガティブな影響を及ぼしているとみることができる。昇進の仕組み・構造を踏まえて女性の昇進の課題を掘り下げ，必要な対応をとることが求められている。

1 女性の昇進の現状

⑴ 女性管理職比率への注目

　経営トップの座は見えており届きそうなのに，見えない天井に阻まれてそこにたどり着けない女性の状況を表した言葉に，「グラス・シーリング（Glass Ceiling）」がある。「グラス・シーリング」は，働く女性に関する著書で指摘され（Bryant, 1985），1986年のWall Street Journalの論文で使われて以降社会に定着したといわれている。アメリカでは，1991年の公民権法改正により，「意思決定権を持つ上級経営者への女性とマイノリティの昇進に関する法律」が制定され，マイノリティの昇進問題を検討するためのグラス・シーリング委員会の設置などが規定された（筒井, 2002）。この背景には，意思決定ができる地位における女性が極端に少なく，女性が上級経営職に就くための育成機会が十分に与えられていないという現状認識があった。

　女性の管理職への昇進という点では日本よりもはるか前を進んでいるとみられるアメリカですら，管理職からさらにその上の経営層のキャリアにつながる能力発揮に関しては大きな課題を抱えている。女性の管理職や役員への登用の難しさに象徴されるように，労働市場における女性のポジションについては，先進国の間で共通点も多い。しかし，日本の女性の管理職数は，アメリカと比べて遠く及ばないことはもとより，OECD加盟国の中でも極めて低水準にあり，その進捗が遅い（図表5-1）。日本における女性の管理職昇進が極めて低調な現状をみると，その背景には多くの課題があることは明らかである。

　わが国では，女性の管理職昇進に関しては，女性活躍推進政策強化の流れの中で，「指導的地位に占める女性比率を2020年までに30％にする」という政府の目標値[1]が注視された。現状ではこの目標には遠く及ばない実績となっているものの，2016年4月には「女性活躍推進法」が施行され，企業に対して女性活躍のための目標値を設定することが求められることになったために，管理職に占める女性比率を数値目標に掲げて女性活躍推進に取り組む企業が増えてい

図表 5-1　就業者及び管理職に占める女性の割合の国際比較

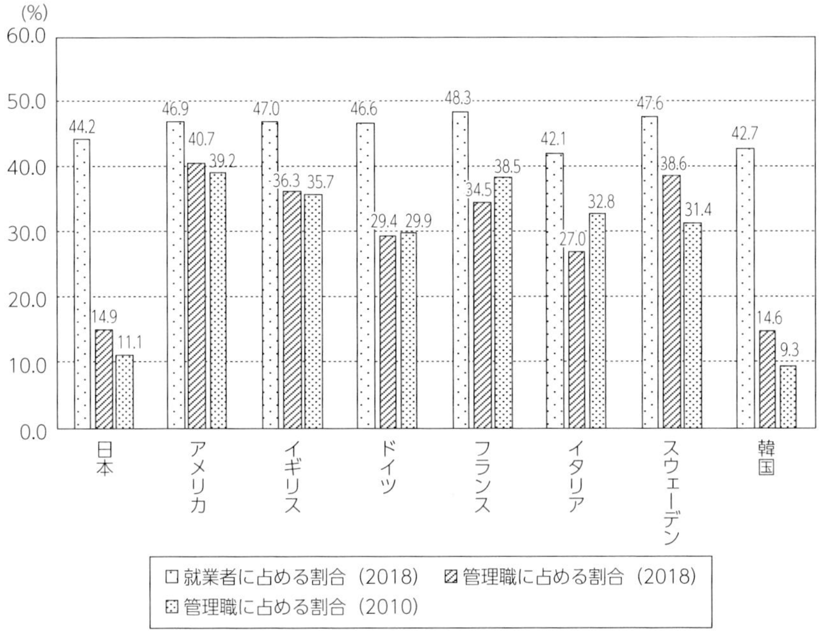

出所：日本：総務省統計局「労働力調査」
　　　韓国：統計情報サービス
　　　その他：ILOSTAT　Database

る。

(2)　女性の管理職比率はなぜ重要か

　国の政策や企業の人事政策において女性の管理職比率を重視することについては，多くの女性は管理職を希望していない，管理職だけがキャリアの到達点ではない，として違和感を覚えるとの意見も根強い。それでは，なぜ女性の管理職比率が注目されるのだろうか。

　労働市場や企業の雇用管理，職場のマネジメントなどマクロ・ミクロの状況において，男女に対して平等に機会が開かれて同じように処遇されていれば，つまり，採用や配置，教育訓練，仕事の与え方などにおいて男女が同等の状況

114

にあれば，一般職から管理職レベルまでの各層の男女比に大きな格差が生じることは考えにくい。女性の管理職比率が注目されるのは，労働市場や組織の中で女性がどのように位置付けられてきたのか，ということを示す成果指標となるからである。

　女性管理職比率が低調であるという現状をみる限り，採用から管理職・経営層への昇進に至る人材供給のパイプラインが，女性の場合どこかで目詰まりして，結果として管理職に占める男女比に大きな格差が生じてしまっているといえる。「パイプライン」の重要性はアメリカでも指摘されており，たとえばKilian, et al.（2005）は，女性活躍などダイバーシティ推進のためには，組織風土を変えながら個人を支援してリーダーへのパイプラインを築くことが重要であるとしている。

　図表5-2は女性の管理職登用までの道筋を示したものである。採用から始まる一連の雇用管理において，女性の活躍推進に着目すると2つの重要な流れがある。

　1つは，図表5-2の上段の「育成・登用」の機会が男女に同じように開かれていく流れである。採用後の新任配置，それ以降の異動や教育訓練の機会が適切に提供されることにより育成が行われ，そこで身につけた能力やスキルが

図表5-2 ｜ 女性の管理職登用への流れ

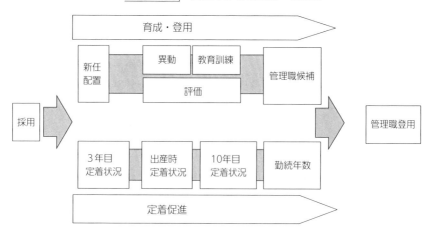

適切に評価され，管理職候補から管理職登用へとつながるルートがある。配置や育成・登用のステップにおいて女性に男性と同じような機会が与えられ，その成果が評価されることが女性の管理職登用につながる重要なポイントとなる。

　もう1つは，図表5-2の下段の「定着促進」の流れである。高卒者の5割，大卒者の3割が離職するという入社3年程度の時期，女性にとって重要なライフイベントである出産の時期，さらには仕事に熟達して次のステップを目指そうとする10年目くらいの時期などを乗り越えて勤続ができるかがポイントとなる。女性は離職につながりやすいタイミングが男性に比べるとはるかに多く，男性以上に離職防止のための意識的な働きかけが必要になる。「育成・登用」において男性と同じように機会を与えても，それが家族的責任と両立が困難な働き方を伴うものであれば女性が与えられた機会を活かすことは難しいので，働き方改革も定着促進の重要なポイントとなる。

　この2つのルートを整備することにより女性の能力発揮が可能になり，結果として女性の昇進が円滑に進むことになる。男女間格差で問題になる「賃金格差」についても，その発生原因は多面的，複合的であるものの，最大の要因は女性の職階や社内資格が低いことにあるとされている（厚生労働省雇用均等・児童家庭局，2003）。したがって，雇用条件の男女間格差につながる昇進の男女間格差に注目する重要性は高い。

⑶　女性の昇進の実態

　前述のように，わが国の女性管理職比率の低さは，国際比較のデータからも明らかにされてきた。日本の労働市場における女性比率についていくつかの区分で確認すると，雇用者総数や正規の職員・従業員に占める女性比率に比して，管理的職業従事者に占める女性比率は極端に低く，この乖離がOECD先進国の中でも際立っている。

　ただし，「管理職」の定義は国により異なり，アメリカやイギリスでは管理職を比較的幅広く定義するのに対して，日本の定義は狭いことに留意が必要である。脇坂（2018）はこの点を踏まえて日本の女性管理職の現状にアプローチをしており，日本で管理職に占める女性比率が先進国の中で著しく低いのは，

図表5-3 | 役職別女性比率の変化

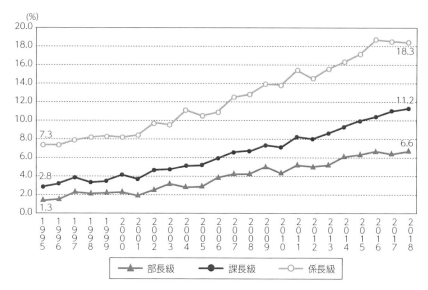

注：各役職の一般労働者（雇用期間定めなしの労働者）における女性の割合
出所：厚生労働省「賃金構造基本統計調査」

　日本の管理職が狭義に把握されていることと関連している可能性を指摘している。そこで，「11人以上の部下を持つ雇用者」という定義で女性比率をみると，日本は「管理的職業従事者」に占める比率よりも高くなるが，それでも欧米水準からみると低いことも明らかになっている。

　国際的にみて低い水準の女性管理職比率であるが，時系列でみれば徐々に上昇傾向にある（図表5-3）。図表5-4は，役職別の女性比率を規模別，産業別に比較したものである。10人以上規模の総数では，係長の女性比率が16.7％に対して，部長は6.7％と高い役職で女性の比率が低い。役職者に占める女性比率を規模別にみると，いずれの職階でも1,000人以上の大企業より中小企業の方が高い。また産業別にみると「医療，福祉」「宿泊業，飲食サービス業」「生活関連サービス業，娯楽業」「教育，学習支援業」などで高い一方で，「電気・ガス・熱供給・水道業」「複合サービス事業」「製造業」などで低い傾向がある。

図表5-4　産業別・規模別にみた役職別女性比率

(%)

	課長相当職以上（役員含む。）	役員	部長相当職	課長相当職	係長相当職
総数					
10人以上	11.8	21.7	6.7	9.3	16.7
30人以上	8.7	15.4	5.1	8.4	15.9
産業					
鉱業，採石業，砂利採取業	9.1	19.4	3.3	4.8	11.6
建設業	9.7	20.3	3.0	5.6	9.9
製造業	7.5	18.7	3.4	4.9	10.4
電気・ガス・熱供給・水道業	3.2	5.2	2.3	3.3	4.8
情報通信業	9.0	12.5	6.4	9.7	14.7
運輸業，郵便業	9.9	19.6	6.5	4.6	11.6
卸売業，小売業	12.7	21.8	6.6	10.5	19.7
金融業，保険業	10.6	7.9	5.7	12.7	35.6
不動産業，物品賃貸業	11.3	15.1	6.1	12.0	20.4
学術研究，専門・技術サービス業	8.4	11.2	5.0	9.3	13.2
宿泊業，飲食サービス業	23.1	31.9	14.7	18.9	28.9
生活関連サービス業，娯楽業	22.2	29.9	19.7	19.0	27.6
教育，学習支援業	21.9	26.9	17.5	21.2	34.9
医療，福祉	49.3	47.9	46.6	52.4	62.1
複合サービス事業	7.3	5.9	2.2	7.4	6.7
サービス業（他に分類されないもの）	12.7	22.0	7.3	9.6	18.0
企業規模					
5,000人以上	7.1	4.7	4.0	8.1	13.8
1,000〜4,999人	5.9	3.5	3.8	6.9	15.6
300〜999人	5.4	4.7	3.2	6.3	13.0
100〜299人	8.3	11.3	5.2	8.7	18.2
30〜99人	13.4	20.4	7.5	11.4	20.0
10〜29人	22.5	27.9	13.3	17.6	26.5

出所：厚生労働省「平成30年度　雇用均等基本調査」

　高崎・佐藤（2014）によれば，女性管理職比率は，従業員に占める女性比率が高いこと，特に30-39歳の女性従業員が多いこと，大卒以上の新入社員に占める女性比率が高いことと強い相関があること，が明らかになっている。女性の管理職者の割合が高い規模や産業は，女性比率の高い分野である。ただし，いずれの区分でも，役職者に占める女性比率は，従業員計に占める女性比率を大きく下回っていることも事実であり，規模や産業を問わずいずれの区分でも，採用後管理職登用に至るまでのプロセスのどこかで，女性の昇進を阻む実態がある。

　男女の昇進の違いについては，研究が蓄積されてきている。1970〜85年の「賃金構造基本統計調査」の個票データの分析により女性の昇進について研究した武石（1987）は，年齢・勤続とともに順次高い役職に就いていく男性に比べて，女性には勤続効果がみられず，役職に就いてもせいぜい係長止まりであったことを明らかにした。また，中村（1994）も同様に「賃金構造基本調査」による女性管理職の実態把握を行い，女性の役職者は中堅・中小企業の係長が中心であり，管理職女性の学歴は当時の女性の学歴構成を反映して高卒者が中心層であることを指摘した。その上で，大卒・総合職女性が男性の昇進にやや近づきつつあることを示唆した。

　これらの研究から30年が経過した現在でも，女性の昇進を取り巻く環境は大きく改善していないことを山口（2014）が明らかにしている。山口によれば，勤続年数が同じ高卒男性と大卒女性を比べると，大卒女性の管理職割合は高卒男性よりもはるかに低く，教育達成よりも男女差が重視されている現状にあるとしている。

　また，個別企業や業界の事例研究として，中村（1988），Lam（1992），冨田（1993），松繁・梅崎（2003），木本（2003）など多くの実証研究が蓄積されている。これらの研究により，女性比率の高い小売業や金融業を含めて，昇進管理には男女で異なるシステムが存在していることが明らかになっている。もちろん一部に男性と同様に昇進する女性のケースもあるが，それは稀なケースであり，女性は家族的責任などに配慮した異動や職場経験などにより，男性とは異なるキャリア形成のパターンを辿ることが多く，このことが女性管理職者の

少なさ，昇進しても男性に比べてタイミングが遅れる，といった状況につながることが明らかになっている。この点は本章第4節で詳述する。

2　女性管理職が少ない理由

なぜ日本企業の女性管理職比率は低く，その改善の歩みは遅いのだろうか。

図表5-5は，女性管理職が少ない（1割未満）あるいは全くいない役職区分が1つでもある企業についてその理由（複数回答）を尋ねた結果である。「現時点では，必要な知識や経験，判断力等を有する女性がいない」が最も多く，「女性が希望しない」，「勤続年数が短く，管理職になるまでに退職する」，「将来管理職に就く可能性のある女性はいるが，現在，管理職に就くための在職年数等を満たしている者はいない」と続く。

昇進における男女間格差の背景としては，女性の離職傾向の高さや昇進意欲が男性に比べて低いといった女性側の要因と，両立支援策の不足や女性の育成策の不足という企業・職場の要因の，2つの側面から問題が提起できる。また，図表5-5からは，これまで女性に対して十分な育成機会を提供してこなかったことの結果として，現時点ではまだ管理職候補が育っていないが，育成環境を整えることにより今後は女性管理職が増える可能性も考えられる。

最も多くあげられている「現時点では，必要な知識や経験，判断力等を有する女性がいない」という理由は，企業と女性の双方の課題が混在していると考えられる。一般的に，管理職に就くためには，一定期間勤続して複数の仕事を経験するなどしてキャリアを拡大していくことが必要である。女性は家族的責任との兼ね合いからキャリア形成の途中で退職する傾向がみられ，継続就業した場合でも男性のように責任の重い仕事が任せられずに経験が不足してしまい，管理職昇進へのルートに乗ることが難しくなっている。また大企業であれば，時には転居転勤を求められることもある。さらに管理職の仕事は責任が重く，長時間労働を前提とするなどハードな働き方となることを理由に，そもそも女性が管理職になることを望まない，といった意識構造が存在するという問題も指摘されてきた。

図表5-5　女性管理職が少ないあるいは全くいない理由（M.A.）

(%)

理職区分が1つでもある企業（女性管理職が少ないあるいは全くいない管）	計	現時点では、必要な知識や経験・判断力等を有する女性がいない	将来管理職に就く可能性のある女性はいるが、現在、管理職に就くための在職年数等を満たしている者はいない	勤続年数が短く、管理職になるまでに退職する	全国転勤がある	時間外労働が多い、又は深夜業がある	家庭責任を多く負っているため責任あ仕事に就けられない	仕事がハードで女性には無理である	女性が希望しない	上司・同僚・部下となる男性や、顧客が女性管理職を希望しない	その他	不明
総数 (10人以上) 76.7	100.0	47.7	14.2	14.6	0.8	5.0	10.4	9.4	22.6	1.5	25.8	0.1
企業規模												
5,000人以上 95.9	100.0	68.2	39.9	15.5	9.6	6.2	10.0	2.1	23.1	2.5	15.1	-
1,000～4,999人 97.7	100.0	69.9	32.3	24.0	11.6	9.9	7.8	3.2	19.9	2.4	11.9	-
300～999人 96.7	100.0	69.9	31.3	22.3	4.2	6.4	9.9	2.6	21.9	1.9	10.8	-
100～299人 94.9	100.0	65.3	23.5	17.8	2.0	7.7	12.6	5.8	21.8	2.1	14.5	-
30～99人 85.3	100.0	54.7	15.9	14.8	1.4	5.3	11.3	5.8	20.7	1.7	22.9	0.4
10～29人 70.4	100.0	40.4	11.0	13.4	0.0	4.4	9.7	12.1	23.8	1.3	29.8	-

注1：「女性管理職が少ない」とは，女性管理職比率が「1割未満」のケースである
注2：「女性管理職が少ないあるいは全くいない理由」の割合は，そのような区分が1つでもある企業
　　　を母数にした割合である
出所：厚生労働省「平成25年度　雇用均等基本調査」

3　女性の昇進意欲

(1)　昇進意欲の男女差

　女性の管理職登用が進まない背景には，女性サイドの要因と，労働市場・企業組織の要因の，2つの側面があることを指摘した。まず，女性管理職が少ないのはそもそも女性が昇進を望まないからである，という女性側の要因を考えたい。

　社会学者であるイギリスのHakim（2000）は，選好理論（preference theory）

において，女性にはライフスタイルの選好のパターンがあり，管理職を目指す
ような「仕事中心型」はおよそ2割前後であるとしている。同様に，物事の選
択の傾向には男女差があることを指摘したのが，アメリカの心理学者のPinker
（2008）である。職場における男女差別を禁止する公民権法第7編が成立した
1960年代以降，アメリカ社会で男女の不平等是正が進められてきたにもかかわ
らず，大学の専攻分野や労働市場における賃金水準などにおいて男女不平等が
存在していた。この背景について，社会や職場において差別が残っているとい
う問題だけでなく，関心や選択の傾向に男女間で違いがあるとして，生得的な
性差の存在を指摘した。Pinker自身，生物学的な男女差を指摘することが男女
差別を正当化することにつながりかねないことについてはきわめて慎重な姿勢
を示しつつも，男性に典型的な特性と女性に典型的な特性（その間にはグラ
デーションとして連続的に分布する特性があるとも指摘）が存在するとして，
競争を好む男性と競争をためらう女性，という性差が昇進への意欲に影響する
ことを示唆する。

　競争に対する態度についての男女差の存在を，行動経済学の観点から明らか
にしようと試みたのが，Niederle & Vesterlund（2007）である。学生に課題
解決の作業をさせ，正解に対する報酬体系の選択パターンに男女差があること
を見出した。課題解決の能力は男女間で異ならないことを確認した上で，男性
は競争的な報酬体系（勝者のみが報酬を独占できる体系）を選択し，女性はそ
れを回避する報酬体系選択が行われたことから，競争に対する態度には男女差
があると結論付けた。日本では水谷ら（2009）が同様の問題意識で研究を行い，
男性は女性よりも競争を好むが，より重要な要因として，男性が女性よりも自
信過剰であることが競争的な報酬体系を選択する確率を高めることを指摘する。

　女性の管理職登用が進まない理由として，競争への態度といった生得的な性
差があることは直感的には理解できるものの，それを労働研究においてどのよ
うに位置付けるのかは難しい問題である。Pinker（2008）も指摘しているよう
に，それを前提にすることで男女差別を温存することにつながりかねない。そ
もそも態度や行動についての性差は男女で明確に分離できるものではなく連続
的に分布するものである。

　坂田（2014）は，社会心理学の観点から，パーソナリティ，興味，価値，自己概念といった個人特性，リーダーシップといった行動傾向についての男女差に関する欧米を中心とした研究をサーベイし，職業興味などにおいて男女差がみられるものの，全般に男女差があるとする研究は多くはないと総括する。昇進に関連するリーダーシップに関する研究では，女性が男性に比べてリーダーシップ発揮に必要なスキルが低いという知見はないが，リスクテイクの程度に男女差があることから，管理職昇進へのチャレンジがリスクの大きい選択ととらえられると，女性が昇進に消極的になる可能性を示唆する。坂田の指摘で重要な点は，性別職域分離の背景には，個人特性において男女差の存在があることは否定できないものの，それ以上に，男性はリーダーシップがある，女性はあたたかく忠実である，に例示されるような「ジェンダー・ステレオタイプ」という認知的な側面の影響を重視している点である。管理職に関していえば，その数において男性優位であるために女性が管理職となることへの自己認識をもちにくく，管理職ステレオタイプと男性ステレオタイプに正の強い相関があることなどが女性の昇進意欲を削いでいることが考えられ，社会的要因としてのジェンダー・ステレオタイプを視野に入れて女性の昇進意欲を解釈することが重要であるとしている。

(2)　女性の昇進意欲の要因分析

　現状では，男性に比べて女性の昇進意欲が低いのは事実である。しかし，前節で示したように，女性の昇進意欲の低さは，男女が置かれた社会的な状況や企業内の状況の中で形成されるという側面がある。労働市場・企業組織の要因が，女性の昇進意欲にネガティブな影響を与えているという点は重要である。

　川口（2008）は男女格差を生み出す構造についてモデル化している（図表5-6）。女性差別的な雇用制度や家庭における性別役割分業，さらにはワーク・ライフ・バランス（WLB）を図ることが難しいビジネス慣行や社会的なインフラの未整備の状況などの社会経済制度が，相互に依存し合って均衡状態になっているというものである。こうした状況下での合理的な選択として，女性の家庭優先の意識・行動が生じており，職場の中で地位を高めることへのイン

図表5-6 ┃ 日本におけるジェンダー格差発生のメカニズム

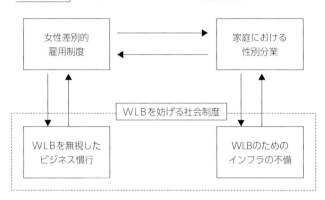

出所：川口（2008）より

センティブが高まりにくい状況があると考えられる。

　女性の昇進意欲が低い要因として，特に企業や職場の状況が関連していることが明らかになっている。

　川口（2012）は，女性の昇進意欲に影響を及ぼす企業の制度を検証した結果，企業のポジティブ・アクション施策，特に「男性に対する啓発」，「女性の能力発揮のための計画策定」，「職場環境・風土の改善」などの具体的施策の効果を明らかにしている。しかし，これらの施策が女性の昇進意欲を高めたのか，あるいは昇進意欲の高い女性がこうした施策を実施している企業に魅力を感じて集まったのか，いずれが妥当かについては解釈を留保している。

　近年は，企業の制度以上に，女性が働く職場要因の重要性が強調されている。21世紀職業財団（2013）では，女性の昇進意欲喚起において，上司の職場管理の特徴，評価の仕方，仕事の与え方などの上司のマネジメントのあり方の重要性に着目している。特に子どもがいる女性正社員に着目し，第一子妊娠前，職場復帰後，現在，の各時点における上司の職場マネジメントの特徴を分析した結果，それぞれの時期において上司の適切な職場マネジメントが女性の昇進意欲を高めることを明らかにしている。

　また，武石（2014）も同様に，女性の昇進意欲について，企業が実施する制度以上に職場のマネジメントが重要であるとの仮説を設定してデータ分析を

行っている。その結果，女性の昇進意欲を高める上で，企業の実施する女性活躍推進策や両立支援施策の効果は限定的で，女性が働く職場の状況，すなわち，女性が自身の職場について女性活躍推進や両立支援に取り組む職場であると認識すること，上司が女性部下を育成することを意識したマネジメントを行っていること，といった職場要因が重要であることを示している。

　高村（2017）は，勤続5～15年の若手社員のデータ分析により，入社時と現在の昇進意欲の変化に関して，男性は上昇しているのに対して女性は低下していることに着目した。男性は，同性のロールモデルの存在や男性の稼ぎ手規範により，自然に管理職を目指すようになる。一方で，女性にはロールモデルも少なく自然に任せても管理職を目指すケースは多くないことから，長期的なキャリアの展望をもたせ，挑戦的な仕事を任せるといった職場や上司からの働きかけが重要であることを明らかにした。

　以上述べてきたように，昇進意欲そのものには男女差が存在するものの，企業や職場の施策により女性の昇進意欲を高めることができ，特に上司のマネジメントのあり方など職場要因の重要性が明らかにされてきている。また，社会のジェンダー構造を前提にすると，女性が置かれている現状に適合する形での意欲喚起策も必要になるといえる。

　アメリカの社会学者のKanter（1977）は，男女の本質的な違いにとらわれる議論を排し，女性が職場で活躍できないのは，組織の中で女性個人が置かれた状況，つまり機会（組織内部で異動や成長につながる機会の有無），権力（権力的な資源の保有状況），数（少数派か多数派かという数的割合）の3つの要因により行動が規定されるからだと指摘する。職場の構造が男性優位に構成され，管理職は男性的な特性と結び付けられてとらえられ，それらが女性の昇進に不利に作用しているとし，女性が昇進できない状況を改善するためには，組織の課題を解決する必要があるという明確な主張をしている。

4　日本企業の昇進管理と女性の昇進

⑴　昇進の仕組み

　組織内での昇進は，係長（主任），課長，部長と順番に高い役職に就いていくわけだが，一般社員から係長が選抜され，同様に係長から課長へ，課長から部長へ，と上位のポストになるほど人数が少なくなるために，管理職登用の選抜が行われるという意味で，昇進は従業員間の競争プロセスである。個別企業の人事データを分析して昇進のパターンを「トーナメント方式」であると結論付けたのがRosenbaum（1984）である。企業内でのキャリアは競争により決定され，それぞれの選抜時における競争の勝者はより高い地位での競争に参加でき，敗者はそれ以降の競争には参加できないというモデルである。

　わが国の管理職への選抜ルールに関して，白井（1992）は，学歴別に昇進コースが設定される，同一の昇進コースをたどる集団の中では年功原則（勤続年数と人事考課）が昇進の序列を決める，という2つの特徴を指摘した。内部労働市場が深化している日本の労働市場では，ポストの配分が企業内部の（明文化されていない）ルールに基づいて決められると考えられるが，そのルールが「学歴別年功処遇」といえる。また，小池（1999）は，日本企業の昇進の特徴を「遅い選抜」「内部優先方式」として，企業内で昇進競争が長期間時間をかけて行われることを指摘している。

　以上のような特徴は，伝統的な日本企業の昇進の仕組みに共通するが，その程度は業界や企業により状況が異なることから，様々な業種，企業を事例にした実証研究も行われてきた。

　今田・平田（1995）は，大手製造業の従業員データを分析し，日本の昇進は年功型，競争型と単純に分類できない「重層型」の構造になっているとした。これは，初期キャリアでは一律年功ルールが適用され，キャリアの中期には選抜が始まり「昇進スピード競争」により昇進の時期に差が出てくるが，昇進が遅くても昇進機会は残され，その後課長以上になると，競争に勝ったものだけ

が残る「トーナメント方式」になる，というモデルである。竹内（1995）は，大手保険会社の従業員のキャリア分析にあたって，選抜時間差の有無（昇進の時期が同時に行われるか差があるか），昇進比率の大小（選抜がどの程度厳しいか），により4類型に分け，入社後，「同期同時昇進」から「同期時間差昇進」へ，さらにその後は選抜が厳しくなっていくとしている。冨田（1992）は，銀行のデータを用いた分析により，同期入社者は12年目までは査定の差があっても昇格の差はみられないが，その後勤続とともに昇格の差がみられるようになり，昇格にあたって査定のみならず勤続年数が考慮されるという点に日本の昇進の仕組みの特徴があるとしている。

　これらの研究から，日本の大企業に関していえば，管理職への昇進は，企業内の人材が昇進する内部昇進制を基礎に置き，大卒など同学歴の同期入社者を母集団として，入社後一定期間はあまり差をつけずに昇進させていき，ある時期から選抜を厳しくしていくという特徴があることが明らかになっている。このため，選抜が比較的遅いタイミングから始まる「遅い昇進」という特徴も日本の昇進の特徴とされてきた。こうした昇進パターンについて，伊藤（1980）は，同期入社者をいっせいに昇進させることから「ともぞろえ方式」とよび，小池（1981）は，入社後一定の時期までは多くが昇進するがその後競争が厳しくなる状況を「将棋の駒」の形にたとえている。

　このような日本の昇進の仕組みは，「企業内で多数を占める平均的な能力をもつ労働者の労働意欲と技能向上への意欲を高め，それが日本の労働者の生産性を高めている」（冨田，1992，p.64），長い期間をかけて労働者の能力や働きぶりを多くのレフェリーが査定し，それらの評価を積み重ねて修練させていくことでその後の適正な選抜に結び付けることが期待できる（小池，1999）など，そのメリットが指摘されてきた。

⑵　内部昇進と女性の登用

　しかしこれらの研究は，実際に管理職に昇進している従業員は圧倒的に男性であったことから，女性を明示的に排除してはいないものの，結果として男性管理職の昇進の仕組みを明らかにしたものといえるだろう。白井（1992）は，

年功的な昇進を維持するためには，制度の非適用グループが存在することが成立条件であるとして，非適用グループとして「女性労働者」や「パート・タイマー」をあげている。女性は，男性従業員の昇進の仕組みには組み込まれず，女性の昇進をめぐる女性特有の課題が生じてきたとみられる。

それでは，なぜ女性に対する昇進差別が生じるのか。男女差別の有力な理論としては，「偏見説」と「統計的差別理論」がある（第1章参照）が，採用後の配置や育成，その結果としての昇進面での男女間格差という一連の流れの中で格差の背景をとらえようとするなら，「統計的差別理論」による解釈がより適合すると考えられる。

日本企業の典型的な昇進の仕組みは，前述のように同期入社者という母集団を作り，査定と勤続により管理職登用者が決まっていく。管理職に登用されるためには，相応のスキルや経験を積むことが必要であり，そうした機会が女性にも男性と同様に与えられることが女性の管理職登用の前提条件となる。ところが，長期勤続が期待できない女性に対しては，将来の幹部登用につながるような職場への配置や難しい仕事を任せることに事業主や職場の管理職は躊躇しがちであり，結果として女性の昇進の障害となると考えられる。女性管理職が少ない（あるいは全くいない）理由に「現時点では，必要な知識や経験，判断力等を有する女性がいない」が最も多いことを指摘したが（図表5-5），少なくともこれまでは，女性に必要な知識や経験を与えてこなかった組織側の問題が存在していると考えられる。

山口（2008）は，男女間の賃金格差を雇用形態，年齢分布を調整しながら検討した結果，フルタイム・正規雇用者内での男女間賃金格差が最も大きいことから，人的資源の差以上に「性別」が重要になっていることの問題を提起している。この男女間賃金格差を生む重要な要因として，昇進機会が男女で不平等であることにより女性の管理職が少ないことがあげられており，さらにその原因として人事考課にあたって統計的差別が存在すると解釈している。

日本企業の昇進の仕組みの下で女性の昇進にどのような課題があったのか，という点に関する実証研究としては以下がある。

まず武石（1987）は，均等法施行前の女性管理職について分析を行った結果，

男女間で昇進の仕組みが異なり，年功的な内部昇進制は主として男性労働者の
みに適用されるものであり，多くの女性労働者はそのシステムの外に置かれる
という，男女別昇進管理が行われてきたことを示した。「遅い昇進」「生え抜き
昇進」といった特徴は「男性」の昇進の特徴であって，「女性」の昇進にこう
したルールは適用されず，同じルールのもとで競争する土俵に乗せられなかっ
たとしている。したがって，男性と同じように勤続を積み重ねても女性の昇進
確率は極めて低い。女性に対しては，管理職への昇進を前提とした育成が行わ
れていないために，長期勤続しても管理職に昇進する確率が低くなったと解釈
している。

　均等法施行後一定年数が経過した後，武石（2006）は厚生労働省「女性雇用
管理基本調査」の1990年代のデータを分析し，男性の勤続年数が長いという点
で内部労働市場が深化しているとみられる企業では，女性の管理職登用が進み
にくいことを見出している。90年代後半になって，両立支援策や男女均等な雇
用管理により女性の定着が高まったことを背景に，女性の管理職比率が少しず
つ上昇するようになる。女性の定着が企業の育成姿勢を変え，女性の昇進を後
押しするという循環が形成されるようになって，女性が男性型の内部昇進制の
システムに徐々に組み込まれ始めた可能性を指摘した。

　ただし，企業内で昇進することによりポストを充足するいわゆる内部昇進制
の仕組みの中で，女性が管理職に就くためには，男性管理職に合わせた働き方
をしないと昇進しにくいという問題がある。これを明らかにしたのが，企業の
人事マイクロデータを使って分析したKato, et al.（2013）である。データ分析
の結果，女性に関してのみ年間労働時間と昇進率の間に有意な正の関係がみら
れた。このことから，女性の昇進には長時間労働による仕事へのコミットメン
トをシグナルとして示していくことが重要であると指摘し，統計的差別を回避
するため，女性は働きぶりによって仕事への意欲を示すことが求められている
のではないかと解釈している。

　脇坂（2018）は，日本的な雇用システムの特徴の「遅い昇進」にフォーカス
した分析を行っている。それによると，「遅い昇進」を行っている企業では女
性の管理職比率が低く，昇進スピードは女性管理職比率にネガティブな影響を

もたらすことが明らかになっている。

5 女性管理職を増やすために

⑴ 女性の管理職登用の課題

　日本企業における昇進の仕組みを前提にすると，長期継続雇用を前提にした配置や異動などによる育成機会，職場の中で与えられる職務経験などの提供において，男性と同等の機会が与えられなければ女性が昇進対象から外れることになる。そもそも統計的差別の根拠となる勤続に関して，女性が長期勤続しにくいのは，仕事と家庭の両立問題に直面するからであり，長時間労働などの働き方が，さらに女性の勤続の阻害要因となってしまっている。また，離職のリスクが大きい女性に対しては，スキルや経験を積む仕事機会が男性に比べて過小になってしまい，管理職昇進のための技能形成がしにくい点に大きな課題がある。したがって，繰り返しになるが，図表5-2に示した2つの流れ，つまり育成・登用と定着促進の施策を丁寧に進めることが何よりも重要である。

　女性の活躍推進策を進め，女性管理職を増やすことを目標に掲げてきた企業の中に，これまでは順調に女性の管理職登用を進めることができたが，次の管理職候補のプールがなくなってしまい，今後の女性の登用の難しさを指摘する声も出てくるようになっている。管理職候補者のプールの層を厚くするために短期的にできることは限られており，中長期的な視点から継続的に施策を進めなくてはならない。

　女性管理職比率が高い企業の特徴としては，短い労働時間，高い雇用の流動性，緩やかな賃金カーブも指摘されている（山本，2014）。男性中心のこれまでのいわゆる「日本的」な昇進の仕組みが，女性の昇進にネガティブに作用していることが示唆されており，女性の昇進をめぐる課題に対応するためには，昇進の仕組み自体を見直すことも重要な検討課題となっている。佐藤（2017）は，女性活躍推進を含むダイバーシティ経営定着のためには，学歴別年次管理を基本にする昇進を含む「日本的雇用処遇制度」を見直し，個別管理にシフト

して育成プランも個別に作成するなどの対応が必要になるとしている。

　しかし，企業における昇進の仕組みは，採用や育成，退職などの一連の雇用管理に組み込まれており，簡単に修正することは難しい。管理職に就くためには一定の勤続が不可欠であることから，女性の就業継続を支援する施策，及び継続した女性の意欲を維持するための施策の重要性が指摘されてきた。

　脇坂（2018）の研究では，昇進に時間がかかる「遅い昇進」の特徴をもつ企業であってもワーク・ライフ・バランス（WLB）施策の実施が女性の管理職登用につながることから，昇進パターンをすぐに変更することは難しいにしても，他の施策が女性の昇進を補完することを示している。武石（2006）は，募集，採用，教育訓練において男女均等な雇用管理を実施することが女性の昇進機会を高めることを1990年代のマクロデータにより明らかにした。山本（2014）も，長時間労働の是正やWLB施策を導入して女性活躍推進を進めることにより，日本的な雇用の仕組みを一定程度維持しながら女性の管理職登用が進むことを指摘する。

　つまり，女性の管理職登用を進めるための人事施策に注目すると，女性の定着を進めて女性を管理職登用につながる育成コースにのせる制度的な対応が重要であるといえる。しかし，それだけでは十分とはいえない。女性のキャリア形成において，適切なOJTや異動を通じた技能形成により個人が自身のキャリアの方向性を見いだせることが不可欠であり，その意味で上司のマネジメントのあり方や仕事経験を積む職場の状況は重要になる（第3章を参照）。女性が管理職につながるキャリア形成を行うためには，「昇進・昇格に必要な能力を獲得できる業務」に女性が配置され，配置された職場で「育成を考えた仕事の割り当てと助言・指導」が行われていることが重要ということになるだろう。採用や初任配属については人事部門が決定権をもつ企業が多いが，初任配属後の部門内の異動は職場の管理職に権限がある場合が少なくないことから，管理職の部下育成への姿勢を含む職場における対応が，女性の意欲には大きな影響力をもつと考えられる。

⑵　ポジティブ・アクションの重要性

　以上のことから，男女の平均勤続の差という事実に基づき女性に様々な機会が与えられない「統計的差別」が日本の多くの企業に存在しており，女性に対する育成機会は大きく制約され，その結果として管理職昇進で男女間格差が生じているといえる。これを打破する企業の仕組み，職場レベルでの地道な取組が，女性の昇進には不可欠であることが明らかである。

　女性の管理職登用を阻む障壁として，World Economic Forum（2010）では，「国内の規範と文化的な慣習」「男性中心の企業文化」「役割モデルの欠如」など，男女が置かれている社会的・組織的な状況が上位にあげられている。この障壁を取り除くためには，女性が置かれている社会的な状況やそこから生じている女性が活躍できない環境を認識し，それを是正するために特別な措置を実施することが必要になる。すなわち積極的な是正策「ポジティブ・アクション」を進めることが求められる。女性の管理職登用が遅々として進まない現状の下で，女性の昇進に関するポジティブ・アクションの具体策としては，女性の意識喚起策としての研修の実施や，メンター制度の導入，将来の女性管理職候補に対する集中的な育成策の実施などがあげられる。

　前出のKanter（1977）は，男性優位の職場で女性が管理職に登用されても，それが少数にとどまる限りは，「トークン（女性を代表するかのような象徴）」とみなされ，様々なプレッシャーを受けて真の実力を発揮できない状況を問題として指摘した。このため女性の数を増やすことが重要であると説き，「アファーマティブ・アクション」[2]の重要性を強調した。女性などの少数派がトークンとして扱われない比率は35％程度であると指摘している。

　ただし，ポジティブ・アクションは，女性のみを対象とした「女性優遇策」であることから，同施策に対して，男性だけでなく女性からも反発がでることがある。そのため，「女性のための施策」という点を曖昧にして反発を回避する事例もある。しかし，それにより焦点が曖昧になり，十分な効果があがらないケースがみられる。女性の管理職登用を進めるためには，ポジティブ・アクションの重要性をあらためて確認する必要がある。

　ポジティブ・アクションは，「機会」を与えられるだけでは十分に能力発揮ができない女性が置かれた現状に対処するものであり，女性が置かれている現状と課題を正しく認識した上で積極的な是正策をとることで，男性と同じ土俵に乗る「イコール・フッティング」を目指すものである。これがなければ，女性は男性と同じスタートラインに立つことが難しい社会や職場の現状があるからこそ，女性のみの施策が重要になる。このポジティブ・アクションの意義の社内浸透を図りつつ，必要な「女性のための施策」を実施することは女性の活躍を進め，女性管理職を増やす上で不可欠な取組といえる。

　これに関連する法的枠組みとして，2016年4月に施行された女性活躍推進法がある（法の概要は第1章を参照）。企業が自社の女性活躍の現状を把握し，進めるべき方策を検討して行動計画を策定し，その結果を点検するというPDCAを回すことにより，女性の能力発揮を進めようとする取組である。前述のように，管理職に占める女性比率は施策のアウトカム指標といえることから，女性の管理職登用の促進を数値目標として掲げて施策に取り組む企業が多い現状にある。

6　女性管理職のマネジメントへの注目

　今後は，女性管理職が増えることが期待されるわけだが，女性が管理職に登用されることによって職場マネジメントがどのように変化するのか，という点はこれからの研究の課題である。将来の女性の管理職候補を増やすために，若い世代に対してリーダーシップ研修を行う動きも出てきている。

　リーダーシップに関する議論は別の専門書に譲るが，女性活躍を含むダイバーシティ経営との関連でいえば，ダイバーシティ経営の下で求められる管理職像が変化すると考えられる[3]。たとえば，部下のプライベートな生活の責任にも配慮する管理職として「family supportive supervisor」（Thomas & Ganster, 1995）の重要性が指摘され，Hammer et al.（2009）などにより，両立支援に支援的な管理職の行動（FSSB：Family Supportive Supervisor Behavior）が明らかにされてきた。また，従来型の管理職に求められる能力は，

官僚制組織に典型的にみられる上意下達型の組織構造において，組織の目標達成のために部下の役割を明確にして導いていく「交流型リーダーシップ（transactional leadership）」が有効であったが，環境がダイナミックに変化すると，組織のビジョンを明確にしつつ部下自身の自発的な関心を引き出す環境を作る「変革型リーダーシップ（transformational leadership）」が重要になってくる（Bass et al., 2003）といった議論もある。

　これまでリーダーシップといえば，トップダウン・権威主義的ないわゆる「男性的」リーダーシップがイメージされた。しかし，組織構造の変化に伴い，企業経営において求められる管理職像が変質している。多様な人材をマネジメントできる管理職に求められる能力として，「サーバントリーダーシップ」（Greenleaf, 1977）や「静かなリーダーシップ」（Badaracco, 2002）など，これまでとは異なるタイプのリーダーシップに注目が集まるようになってきた。

　求められるリーダー像の変化に伴い，今後は従来とは異なるメカニズムで，あるいは異なる能力を評価して，管理職への登用が行われるようになる可能性が高く，そのことが女性の昇進にプラスの影響を及ぼす可能性がある。またこれまでとは異なるタイプのリーダーシップを発揮する女性管理職が増えると，企業や職場がどのように変化するのか，という点も今後の重要な研究テーマである。

　現在進められている「女性活躍推進策」では，女性の管理職登用が目的化している感が否めないが，女性管理職が増えることに伴いマネジメントの質がどう変化するのか，変化するとすれば，現在の職場の課題である多様性尊重や働き方改革の推進に寄与する可能性があるのか，といった点に関する女性の昇進の効果について，組織的な視点からアプローチすることは重要である。女性管理職が増えていくと，こうした研究課題へのアプローチも増えてくると考えられる。

POINTS

◆ 日本企業において女性の活躍が進まない状況は，女性管理職の少なさに象徴される。女性が管理職に昇進することだけが女性活躍の姿ではないが，管理職に占める女性比率など昇進に関する指標は，女性に対する育成や定着促進策の施策効果のアウトカム指標であり，その意味で女性の能力発揮がどの程度進んでいるのかを測る重要な指標である。

◆ 男性に比べて女性の管理職が少ないのは，女性が管理職への昇進を望まないという女性サイドの要因もある。ただしその背景には，女性の昇進意欲や実際の昇進を阻む職場の要因が存在している点を忘れてはならない。

◆ 日本の昇進の仕組みでは，企業内の人材を母集団にして，年功的な内部昇進制，長期間にわたり時間をかけて段階的に選抜するという「遅い昇進」という特徴があり，この昇進の仕組みに，女性の昇進を阻む要因が存在している。これに対しては，ポジティブ・アクションの必要性を認識して意識的に取り組むことが求められる。

◆ 女性管理職が増えることの意義については，現状では研究蓄積が十分ではなく，今後の課題ではあるが，企業経営における多様な視点の獲得などの経営的効果，女性管理職のマネジメントスタイルがダイバーシティ経営と整合性がある可能性が高いこと，などが明らかになりつつある。

注

1 この目標値は，2003年に男女共同参画推進本部が決定したのが最初で，その後2005年に閣議決定された男女共同参画基本計画（第2次）に重点事項として盛り込まれた。
2 日本や欧州の「ポジティブ・アクション」は，アメリカでは「アファーマティブ・アクション」として制度化されている。
3 これに関しては，本シリーズの第6巻で詳述している。

参考文献

伊藤大一（1980）『現代日本官僚制の分析』東京大学出版会.
今田幸子・平田周一（1995）『ホワイトカラーの昇進構造』日本労働研究機構.
川口章（2008）『ジェンダー経済格差』勁草書房.
川口章（2012）「昇進意欲の男女比較」『日本労働研究雑誌』No.620，pp.42-57.

木本喜美子（2003）『女性労働とマネジメント』勁草書房.

小池和男（1981）『日本の熟練—すぐれた人材形成システム』有斐閣.

小池和男（1999）『仕事の経済学（第2版）』東洋経済新報社.

厚生労働省雇用均等・児童家庭局（2003）『男女間の賃金格差の解消に向けて—男女間の賃金格差問題に関する研究会報告』国立印刷局.

坂田桐子（2014）「選好や行動の男女差はどのように生じるか－性別職域分離を説明する社会心理学の視点」『日本労働研究雑誌』No.648, pp.94-104.

佐藤博樹（2017）「ダイバーシティ経営と人材活用—働き方と人事管理システムの改革」佐藤博樹・武石恵美子 編著『ダイバーシティ経営と人材活用—多様な働き方を支援する企業の取り組み』東京大学出版会, pp.1-19.

白井泰四郎（1992）『現代日本の労務管理（第2版）』東洋経済新報社.

高崎美佐・佐藤博樹（2014）「女性管理職の現状—2020年30％は実現可能か」佐藤博樹・武石恵美子 編著『ワーク・ライフ・バランス支援の課題—人材多様化時代における企業の対応』東京大学出版会, pp.35-57.

高村静（2017）「男女若手正社員の昇進意欲—持続と変化」佐藤博樹・武石恵美子 編著『ダイバーシティ経営と人材活用—多様な働き方を支援する企業の取り組み』東京大学出版会, pp.105-134.

武石恵美子（1987）「増加する長期継続雇用と処遇問題」雇用職業総合研究所 編『女子労働の新時代－キャッチ・アップを超えて』東京大学出版会, pp.37-57.

武石恵美子（2006）『雇用システムと女性のキャリア』勁草書房.

武石恵美子（2014）「女性の昇進意欲を高める職場の要因」『日本労働研究雑誌』No.648, pp.33-47.

竹内洋（1995）『日本のメリトクラシー－構造と心性』東京大学出版会.

筒井清子（2002）「グラス・シーリングと米国の女性上級経営者」『京都マネジメント・レビュー』第1号, pp.85-97.

冨田安信（1992）「昇進のしくみ－査定と勤続年数の影響」橘木俊詔 編『査定・昇進・賃金決定』有斐閣, pp.49-65.

冨田安信（1993）「女性の仕事意識と人材育成」『日本労働研究雑誌』No.401, pp.12-19.

中村恵（1988）「大手スーパーにおける女性管理職者・専門職者－仕事経験とキャリア」小池和男・冨田安信 編『職場のキャリアウーマン』東洋経済新報社, pp.12-37.

中村恵（1994）「女子管理職の育成と『総合職』」『日本労働研究雑誌』No.415, pp.2-12.

21世紀職業財団（2013）『育児をしながら働く女性の昇進意欲やモチベーションに関する調査』.

松繁寿和・梅崎修（2003）「銀行業における女性従業員の管理職昇進－キャリアと家庭，二者択一の局面」『日本労務学会誌』第5巻, 第2号, pp.44-55.

水谷徳子・奥平寛子・木成勇介・大竹文雄（2009）「自信過剰が男性を競争させる」『行動経済学』Vol. 2, pp.60-73.

山口一男（2008）「男女の賃金格差解消への道筋－統計的差別の経済的不合理の理論的・実証的根拠」『日本労働研究雑誌』No.574, pp.40-68.

山口一男（2014）「ホワイトカラー正社員の管理職割合の男女格差の決定要因」『日本労働研

究雑誌』No.648, pp.17-32.

山本勲 (2014)「企業における職場環境と女性活用の可能性─企業パネルデータを用いた検証」*RIETI Discussion Paper Series*, 14-J-017.

脇坂明 (2018)『女性労働に関する基礎的研究－女性の働き方が示す日本企業の現状と将来』日本評論社.

Badaracco, Joseph L.,Jr. (2002) *Leading Quietly: An Unorthodox Guide to Doing the Right Thing*, Boston: Harvard Business School Press. (高木晴夫 監修, 夏里尚子 訳 (2002)『静かなリーダーシップ』翔泳社).

Bass, Bernard M., Bruce J. Avolio, Dong I. Jung & Yair Berson (2003) "Predicting Unit Performance by Assessing Transformational and Transactional Leadership," *Journal of Applied Psychology*, Vol. 88, No. 2, pp. 207-218.

Bryant, Gay (1985) *The Working Woman Report: Succeeding in Business in the 80's*, New York : Simon and Schuster.

Greenleaf, Robert K. (1977) *Servant Leadership : A Journey into the Nature of Legitimate Power and Greatness*, New York : Paulist Press. (金井壽宏 監修, 金井真弓 訳 (2008)『サーバントリーダーシップ』英治出版).

Hakim, Catherine (2000) *Work-Lifestyle Choices in the 21st Century* : *Preference Theory*, Oxford : Oxford University Press.

Hammer, Leslie. B., Ellen E. Kossek, Nanette L. Yragui, Todd E. Bodner & Ginger C. Hanson (2009) "Development and Validation of a Multidimensional Measure of Family Supportive Supervisor Behaviors (FSSB)," *Journal of Management*, Vol.35, No.4, pp.837-856.

Kanter, Rosabeth M. (1977) *Men and Women of the Corporation*, New York : Basic Books. (高井葉子 訳 (1995)『企業のなかの男と女』生産性出版).

Kato, Takao, Daiji Kawaguchi & Hideo Owan (2013) "Dynamics of the Gender Gap in the Workplace: An econometric case study of a large Japanese firm," *RIETI Discussion paper*, 13-E-038.

Kilian, Claire McCarty, Dawn Hukai & C. Elizabeth McCarty (2005) "Building Diversity in the Pipeline to Corporate Leadership," *Journal of Management Development*, Vol.24, Issue 2, pp.155-168.

Lam, Alice C.L. (1992) *Women and Japanese Management : Discrimination and Reform*, London and New York : Routledge.

Niederle, Muriel & Lise Vesterlund (2007) "Do Women Shy Away from Competition ? Do Men Compete Too Much ? " *Quarterly Journal of Economics*, Vol. 122, No. 3, pp. 1067-1101.

Pinker, Susan (2008) *The Sexual Paradox* : *Men, Women and the Real Gender Gap*, New York : Scribner. (幾島幸子・古賀祥子 訳 (2009)『なぜ女は昇進を拒むのか－進化心理学が解く性差のパラドクス』早川書房).

Rosenbaum, James. E. (1984) *Career Mobility in a Corporate Hierarchy*, London : Academic Press.

Thomas, Linda T. & Daniel C. Ganster (1995) "Impact of Family-Supportive Work Variables on Work-Family Conflict and Strain: A Control Perspective," *Journal of Applied Psychology*, Vol.80, No.1, pp.6-15.

World Economic Forum (2010) *The Corporate Gender Gap Report 2010*.

第 **6** 章

女性一般職のキャリア形成

　女性の活躍というと，女性の管理職への昇進が注目される。経営層やマネジメント層に女性が増え，重要な意思決定，職場のマネジメントに女性が関わるようになることは，ダイバーシティ経営の推進において極めて意義のあることだ。しかし，当然のことだが，従業員全員が管理職に登用されるわけではなく，男性も含めて管理職にならない従業員の方が大多数である。特に女性は，年齢が高い層でも管理職に登用されていない割合が圧倒的に高いという点で「（管理職ではない）一般職層」にとどまっており，職場のジェンダー構造の中で男性とは異質のキャリア形成が行われてきた層とみることができる。

　政府の掲げる「女性活躍推進政策」では昇進する女性に光が当たり，上を目指すことが価値あるものという考え方をする傾向もみられるため，「『女性活躍推進政策』は自分たちには関係がないしむしろ迷惑」とネガティブにとらえる女性が一定数存在するのも事実である。管理職にはならない女性がどのような課題に直面しているのかという点は，これまでの女性活躍推進策において対応が遅れてきたといえる。今後女性の定着が高まっていけば，管理職に就かない女性の絶対数は増えていくはずであり，管理職へという上位へのキャリアではない女性のキャリア形成の課題を明らかにする重要性は高い。また，女性一般職は，仕事や勤務地の範囲などを限定して働くケースが多く，それゆえに処遇面での課題も存在する。このことは，現在注目されているいわゆる「限定正社員」のキャリアの課題とも関連することから，こうした男女共通のテーマも視野に入れて検討する。

1 女性一般職の就業状況

⑴ 女性一般職はどれくらい存在するか

　本章では，管理職に就かない（就いていない）女性を「女性一般職」として，彼女たちのキャリア形成の現状や課題を取り上げる。この「女性一般職」はコース別雇用管理制度における「総合職」に対応する「一般職」よりも広い概念である[1]。また，管理職に就かない女性一般職は非正規雇用にも多いが，非正規の女性の問題は別の構造があり丁寧な議論をする必要があることから，本章で対象とするのは正規の女性一般職である。

　それでは，「女性一般職」は，どれくらい存在するのだろうか。

　規模100人以上の企業で課長以上の役職に就いている割合（20－59歳）は，男性の14.3％に対して，女性は3.1％と大きな差がある。女性雇用者の97％は「女性一般職」なのである。係長級（職長を含む）以上の役職でみても，男性では25.4％であるが，女性では7.3％にとどまり，係長未満の女性は9割以上に上る（厚生労働省「令和元年　賃金構造基本統計調査」）。

　管理職は年齢とともに登用率が高まるので，相対的に若年層の割合が高い女性は雇用者全体に占める管理職比率が低くなりがちである。そこで，図表6-1により年齢別の役職者比率をみておきたい。部長・課長でみると，男性は40代後半以降には4人に1人程度の割合となるが，女性は6～7％程度で1割にも満たない。係長（職長を含む）まで含めても，女性の役職者は40代後半以降で1割強に過ぎない。男性が30代後半ごろから係長や課長以上の役職に徐々に登用されていくのに対して，多くの女性が40代，50代になっても役職に就かないで働いている。女性一般職は女性の中の圧倒的マジョリティである。

　人数ベースでみたものが図表6-2であるが，30代で全体の人数が若干減るが，40代で人数が増えつつも役職に就いていない女性が多数であることが確認できる。

　後述するように，女性一般職が男性とは異なるキャリアを歩んできた背景と

図表6-1 | 男女別，年齢階級別，役職者比率

(%)

年齢階級	部長・課長の役職者		左記に係長，職長を含む	
	男性	女性	男性	女性
20〜24歳	0.0	0.0	0.3	0.2
25〜29歳	0.3	0.2	2.0	1.2
30〜34歳	1.6	0.7	9.9	3.7
35〜39歳	6.7	1.9	22.5	7.6
40〜44歳	15.8	4.0	32.5	10.8
45〜49歳	23.8	5.7	39.9	12.7
50〜54歳	29.5	7.0	42.7	13.4
55〜59歳	28.1	6.4	37.8	11.9

注1：常用労働者100人以上を雇用する企業に属する労働者のうち，雇用期間の定めがない者が母数である
注2：「職長」は，鉱業，建設業，製造業のみを対象とし，生産労働等の集団の長として指揮，監督する者である
出所：厚生労働省「令和元年　賃金構造基本統計調査」

しては，第1章でも指摘したように，男女の企業定着の違いが極めて重要な要因となる。そこで，初職継続者という点で女性のボリュームをみておきたい。第1章の図表1-3で示したが，女性の初職継続（離職回数0回）は男性に比べると少なく，30代以降になると，2割強程度と男性の半分以下の水準になっている。

　女性のキャリアパターンを分析した武石（2009）によると，子どもをもちながら初職を継続する女性は極めて少数であるが，初職継続者は，両立しやすい職場であるという点で職場環境を高く評価しており，また，専門・技術的職業が多いといった職業の特徴もみられたことを指摘する。同様に初職継続者の特徴を分析した三具（2015）も，まず初職継続者が少ないことを確認した上で，初職継続者には未婚者が多いこと，子どもがいる継続者の特徴としては，仕事との両立が可能であったり仕事を通じたステップアップができるなど仕事に関する条件をクリアしていること，を明らかにしている。

142

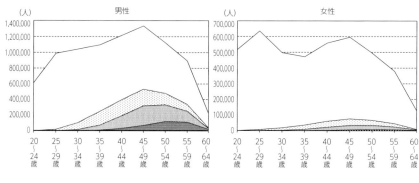

図表6-2　年齢階級別，職階別，労働者数

注：図表6-1と同じ
出所：厚生労働省「令和元年　賃金構造基本統計調査」

⑵　女性一般職はどこで働いているか

　性別により職業分布や職務内容が分離している状況「性別職域分離（job segregation）」については，欧米でも注目され，多くの研究がなされてきた（Reskin, 1993）。職域分離には，男女が就く職業の違いである「職業間の分離」と，同じ職業の中でも職務内容や役割が異なるなどの「職業内の分離」，という2つの側面がある。

　まず職業間分離の観点からみると，職業別構成は男女で異なっており，女性は「事務職」が28.5％と最も高く，「サービス職業従事者」が19.2％と，この2つの職業でほぼ半数を占めている（図表6-3）。「専門的・技術的職業従事者」も19.2％と高く，男性の16.5％よりも高いが，この点は後述する。

　金野（2012）は，「国勢調査」の職業小分類別の女性比率を基準にして，各職業を「男性職（女性比率25％未満）」「統合職（25〜55％未満）」「女性職（55％以上）」の3タイプに区分する方法（Hakim, 1993を参照。ただし女性比率の数値はHakimとは異なる）に分け，それを職業大分類で括った上で，1985年から2005年までの変化を分析した。その結果，事務職（大分類）とサービス

図表6-3　男女別，職業別構成比

(%)

	男性	女性
管理的職業従事者	3.3	0.7
専門的・技術的職業従事者	16.5	19.2
事務従事者	15.7	28.5
販売従事者	13.4	13.1
サービス職業従事者	6.9	19.2
保安職業従事者	3.7	0.3
農林漁業従事者	1.2	0.9
生産工程従事者	17.9	8.7
輸送・機械運転従事者	6.2	0.3
建設・採掘従事者	6.5	0.2
運輸・清掃・包装等従事者	7.3	7.6
分類不能の職業	1.4	1.6
計	100.0	100.0

出所：総務省「令和元年　労働力調査」

　職（大分類）において「女性職化」が進んでいる[2]こと，販売職（大分類）で
は男性職と女性職への分化傾向がみられること，専門・技術職（大分類）と生
産・労務職（大分類）で統合化の傾向がみられることを明らかにしている。ま
た，女性就業者の7割は「女性職」で働いており，その傾向が高まってきてい
ることも指摘している。

　山口（2017）は，男女の職業分離度を示す「分結指数」[3]により男女の職域
分離を分析し，1995〜2005年に男女の職業分離が拡大し，その背景として専門
職に注目した。「専門的・技術的職業従事者」は，男性よりも女性で割合が高
いが，その具体的中身をみると違いが明らかになる。女性は教育，医療・保
健・介護，社会福祉など「ヒューマンサービス系専門職」に多く，このタイプ
の職業[4]で，女性割合が高まっているという傾向を指摘する。

　これらのデータは2000年代前半までの分析であるとはいえ，職業分類でみた
男女の職域分離は中長期的にみて縮小傾向にあるとはいえないようである。

　次に職場の部門別の配置をみると，図表6-4で示した6つの部門ではいず

図表6-4　部門別配置状況（企業割合）

(%)

	現在の配置状況		
	いずれの職場にも男女とも配置	女性のみ配置の職場がある（複数回答）	男性のみ配置の職場がある（複数回答）
人事・総務・経理	67.5	28.2	5.0
企画・調査・広報	72.0	7.3	21.1
研究・開発・設計	62.6	3.0	34.9
営　　　業	53.8	1.8	44.6
販売・サービス	72.0	11.3	17.9
生産，建設，運輸	57.4	2.6	40.7

出所：厚生労働省「平成28年度　雇用均等基本調査」

　れも「男女とも配置」という企業割合が半数以上を占めてはいるものの，「人事・総務・経理」という事務部門は「女性のみ配置」の企業が28.2％，一方で，「男性のみ配置」の企業割合が高いのが，「営業」（44.6％），「生産，建設，運輸」（40.7％），「研究・開発・設計」（34.9％）となっている。女性一般職は職業分類では事務職に多いが，同じ事務部門でも営業では少なく，また，研究・開発や生産なども女性が少ない部門であるといえる。

　さらに，職場の中の状況を観察すると，同じ職場の中で男女の仕事内容としての職務が異なることが指摘されてきた。男女間賃金格差に着目した森（2005）は，全体的に女性比率が低いとはいえない総合商社を事例に取り上げ，職場の中の男女の職務の違いを浮き彫りにしている。商社のメインの仕事は営業であるが，端的に言えば「男性は社外，女性は社内」という形で，営業部門内で男女の職務分離が行われている，としている。これは，商社のコース別雇用管理制度がベースにあり，女性が「一般職」，男性が「総合職」というように，コース区分にジェンダー構造が反映されているためである。駒川（2014）は，同様の男女別の職域分離の構造を都市銀行で確認しており，「男性は外（融資・得意先）で稼ぎ，女性が内（内部業務）を守る」という職務分化が形成されていると指摘している。熊沢（2000）は，製造職場や店頭販売などにおいても「男の仕事」と「女の仕事」が分離されている実態を報告している。

　ただし，当然のことではあるが，男性が基幹職で女性は補助職，というステレオタイプな見方をすべての女性に当てはめられるほど，単純な構造になっていないことも指摘しておくべきである。後述するように，女性の定着により性別による職域分離が縮小し，女性事務職が能力を伸長させ職域拡大が進められている事例があることを浅海（2006）は明らかにしている。また，首藤（2003）は，製造や運輸等の「男性職」とみられる現場で働く女性を分析し，女性のキャリアが男性のように深まりながら男女間賃金格差も縮小するという点で，男女のキャリアが統合されている職場があることを見出している。女性一般職といっても一枚岩ではなく，多様な層が含まれることに留意する必要がある。

　それでもなお，女性一般職を取り上げることは，次の2つの点から重要である。第1に，すでに指摘したように，女性一般職は管理職に昇進しない女性たちであるが，そのようなキャリアパターンをとる女性は男性に比べて圧倒的に多い，さらに言うなら，現状ではほとんどの女性が一般職層である，という量的な側面である。第2に，昇進しない従業員は男性にも多数存在するが，職場のジェンダー構造の中で，女性が勤続を重ねても昇進しない女性独自のキャリアルートに乗っていたという点で，男性とは異なるキャリア形成の環境下に置かれている点に注目しなくてはならない。この点は後述する。

⑶　女性一般職はどのような特徴があるのか

　女性が男性と異なるキャリアをたどるのは，社会や組織の中にあるジェンダー構造が影響するだけでなく，女性サイドが育児等の責任をもつために男性とは異なる就業選択をするという「自己選択」による（Polachek, 1981）ということも常に指摘される。ここでは，女性一般職の特徴として，彼女たちのキャリア意識や働き方に対する意識を取り上げたい。

　まず，就業継続についての女性の意識は近年高まってきている。女性が職業をもつことについての女性の意識の1992年以降の推移をみると，「子供ができても，ずっと職業を続ける方がよい」の割合が増加し，2016年には5割を上回っている（図表6-5）。バブル崩壊後に女性の意識が就業を続けることを支持するようになった変化について，大沢（2015）は経済的な背景を重視する。

146

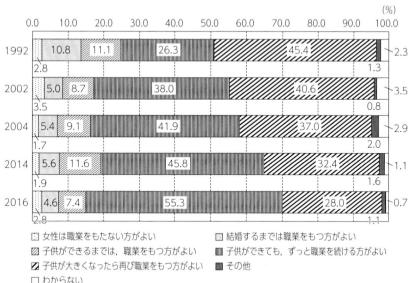

図表6-5 女性が職業をもつことに対する意識の変化（女性の意見）

注：2014年までの調査は20歳以上が対象。2016年の調査は18歳以上が対象
出所：内閣府「男女平等に関する世論調査」(1992)，「男女共同参画に関する世論調査」(2002, 2004, 2016)，「女性の活躍推進に関する世論調査」(2014)

産業構造の変化により女性の就業機会が拡大する一方で，男性の安定的な雇用への信頼が揺らいで将来不安が高まり，若い女性を中心に働くことへの意識を変化させているとみる。

　女性の就業継続への意欲は全体として高まっているが，仕事への意欲に関しては男性以上にその多様性があることが指摘されてきた。21世紀職業財団(2017) では，「『一般職』女性」[5]を，以下の4タイプに分類した。①「活き活きタイプ」：仕事の難易度を上げる意欲があり達成感も味わっている人(28.9%)，②「不完全燃焼タイプ」：仕事の難易度を上げる意欲はあるが達成感を味わっていない人（20.4%)，③「現状満足タイプ」：仕事の難易度を上げる意欲はないが達成感を味わっている人（21.6%)，④「割り切りタイプ」：仕事の難易度を上げる意欲がなく達成感も味わっていない人（29.2%)，の4タイプである。まずこの4つのタイプがほぼ均等に分布していることが興味深い

図表6-6　仕事を通じた達成感を感じているか

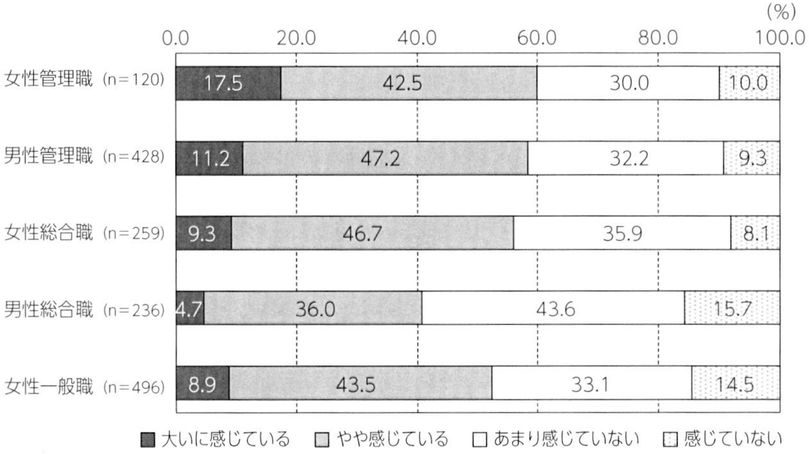

注：分析対象者は，50歳の時点で，300人以上の企業に正社員として勤めていた，50〜59歳の男女である。「男性一般職」は調査対象としていない
出所：21世紀職業財団（2019）より

が，加えて，この分布が，年齢や学歴など女性本人の属性の影響だけでなく，仕事経験や昇級・昇格の可能性，評価制度，上司の育成力や期待のあり方と関連があることが明らかになっている。また，「活き活きタイプ」や「不完全燃焼タイプ」では，「総合職（エリア総合職）」への転換希望が半数近くであり，他の2つのタイプでは同割合が1割程度という状況と比べて大きな差があることも示されている。

　また，50代，60代の女性正社員を対象にキャリア等について実態調査を行った21世紀職業財団（2019）[6]では，いわゆる「均等法第一世代」と呼ばれる男女雇用機会均等法施行前後に就職をした女性たちの現状を把握することができる。50代の管理職に就いていない女性には，コース別雇用管理制度の「総合職」と「一般職（事務職）」が混在するが，管理職に就いていない男性総合職と比べ，キャリア形成の機会などには恵まれていないものの，モチベーション維持や仕事を通じた達成感などは男性よりも高い傾向がみられている。50代の女性の特徴として，自身のキャリア形成に真摯に取り組み，一見関連のない部

署間の異動であっても何らかの「つながり」を意識し，社外ネットワークや資格取得にも前向きであることなどがあげられている。均等法第一世代で就業をしている女性は同世代の中は少数派であることからサンプルのバイアスがあるにせよ，男性以上に仕事を通じた達成感が高い傾向が確認できている（図表6-6）。

　女性一般職の就業意識は多様であり，組織の働きかけによって意欲を高めることができ，特に労働市場に定着している女性は高い意欲をもっているからこそ働き続けている層ということができる。

2　ジェンダー構造と女性一般職

⑴　職場のジェンダー構造

　企業や職場において男女で異なる職務や役割が付与されるのは，社会や組織の中のジェンダー構造に起因しているという見方は，内外の多くの研究で指摘されてきた。特に日本企業においてその構造が強固であることが問題になってきた（基礎経済科学研究所編，1995）。大沢真理（1993）は，労働分野における性別分離，つまり，就業形態や職業構造，その結果としての男女間賃金格差は，日本の「会社主義」「企業中心社会」を基軸に，社会や職場にジェンダー関係が存在したことと関連しており，この「企業中心社会」が成立する過程において，労働政策や労使関係を含む社会政策におけるジェンダー・バイアスが存在していたという問題も指摘している。

　職場（特に大企業）の中の状況に焦点を当てて問題提起をしたのが野村（2007）である。野村は，日本的雇用慣行に関する戦後の通説の中で女性が明示的に取り上げられていないことに問題提起を行い，日本の「戦後の経営秩序」の中に女性を含めてモデル化した（図表6-7）。同モデルによると，大企業では戦前から学歴に応じて従業員グループ（社員，工員など）が決定する「会社身分制」が秩序化されていた。戦後男女共学になり女性の教育に革命的な変化が起こったが，大卒女性が男性のように大企業幹部候補の社員として採

図表6-7 | **戦後の経営秩序**

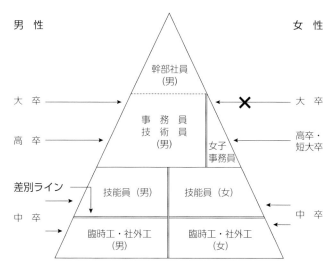

出所：野村（2007），p.38より

用されることはなく，中等教育を受けた女性は「女子事務員」として採用され，
単純で定型的な事務作業を担当し，結婚で退職するため勤続年数も短かった。
野村は，戦前の「会社身分制」は学歴主義であると同時に，性別によって明確
に仕切られた経営秩序であり，戦後の経営民主化運動により「会社身分制」に
付随する身分格差が廃止されても，学歴と性別（図表6-7の二重線がそれを
示す）により仕切られた経営秩序が存続したと指摘する。なお，この性別で仕
切られた経営秩序が，男女雇用機会均等法により不当なものであると表明され
たことから，野村は，このことについて「労働政策史上，画期的」と評価した。

(2)　性別職域分離の構造

　繰り返しになるが，「男性」のキャリア形成とは異なる特徴をもつ「女性一
般職」が多数生まれる状況には，社会や職場のジェンダー構造が深く関わって
いる。この点について掘り下げたい。
　一般的に，男女に対するジェンダー・ステレオタイプな見方が存在しており，

それによってヒューマンスキルを求める対人サービス的な仕事，他者をサポートする補助的な仕事など，いわゆる「女性向き」とみられる仕事が女性に割り振られる傾向が強くなる。また，勤続パターンなど平均的な男女の差異に注目する「統計的差別」（第1章参照）により，長期育成により仕事を通じて成長できるような機会が女性には与えられにくい，という状況もある。統計的差別による職域分離が生じる背景には，女性が「家事・育児」などのケア役割を主として担っているというジェンダー構造が存在している。

　女性一般職の中でも多数派といえる事務職は，かつては「OL（Office Lady）」と呼ばれ，「事務職」とはいっても男性事務職と女性事務職は異なる状況に置かれていた。明治後半以降の「事務職」をジェンダーの視覚から分析した金野（2000）は，事務職において男性と女性が異なる状況は，戦前には明確に確認されず，戦後から高度経済成長期という限定された時代に形成されたものとみている。「一人の収入で家族を養う世帯主」という理念が「家族」構造を規定し，それを基礎に置いて男性の勤続長期化が進み，職場の中で男女が異なる位置付けをされるようになったとする。戦後の科学的管理の普及に伴い，事務の仕事にも科学的に管理するというプロセスが重視されるようになり，状況に応じて柔軟に対応する「判断事務」は男性の仕事，定型的な作業を行う「作業事務」は女性の仕事，というように，事務の仕事が序列化されて男女に割り当てられた。

　首藤（2003）は，性別職域分離を，「職種の分離」と職種や職務の経験を通じて形成される「キャリアの分離」に分け，それぞれの二重性をモデル化した（図表6-8）。「職種の分離－統合」を縦軸に，「キャリアの分離－統合」を横軸に設定し，2つの段階に分けて職域分離の構造を説明する。「第1段階」は，男女がそれぞれ異なる職種，キャリアを選択したり振り分けられたりすることにより，性別の分離が生じるモデルであり，男女で職種が異なりそれに伴いキャリアも異なる場合には第Ⅰ象限，同じ事務職や営業職であっても同じ職種の中で基幹職と補助職のようにキャリアが異なる状況は第Ⅱ象限になる。「第1段階」で，男女が同じ職種とキャリアコースにある場合に第Ⅳ象限となるが，それでも男女が同じとは限らない。それをモデル化したのが図表6-8の右側

図表6-8　性別職域分離の二重構造

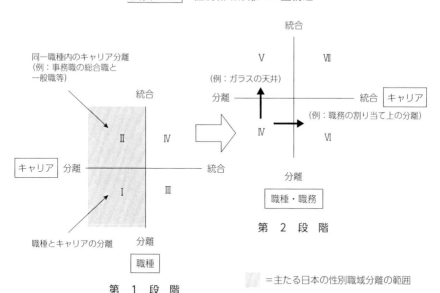

同一職種内のキャリア分離
（例：事務職の総合職と
一般職等）

統合

Ⅱ　　　Ⅳ

キャリア　分離　━━━━━━━　統合

Ⅰ　　　Ⅲ

職種とキャリアの分離

分離

職種

第　1　段　階

統合

Ⅴ　　　Ⅶ

（例：ガラスの天井）

分離　━━━━━━━　統合　　キャリア

（例：職務の割り当て上の分離）

Ⅳ　　　Ⅵ

分離

職種・職務

第　2　段　階

▨＝主たる日本の性別職域分離の範囲

出所：首藤（2003），p.17より

　の「第2段階」である。男性と同じキャリアの女性に昇進の上限（ガラスの天井）が存在したり（第Ⅴ象限），男性とは異なる職務が割り当てられる（第Ⅵ象限）という形で，同じ職域の中でも男女が異なる状況が生成されるとしている。

　最近の研究でも，女性一般職の中でも多数を占める「女性事務職」の課題が指摘されている。山口（2017）は，ホワイトカラーの男女間賃金格差を分析し，特に事務職においては所得格差のうち学歴や勤続年数などの人的資本の男女差で説明できる部分は限定的であり，事務職に就いている男女間の職務や職階の違いが賃金格差の重要な要因であることを明らかにした。「女性事務職」は管理職昇進から外されている「デッドエンドジョブ」であり，配分される職務が男性と異なり責任の少ない仕事に割り当てられることの結果であるとしている。

　性別職域分離は職種，職務が異なる，という「水平的」な分離が観察されるが，それが，指示する仕事か指示される仕事か，仕事の進め方に裁量権がある

かないか，仕事に必要な知識や経験の程度はどの程度か，というような仕事の内容に応じて上位・下位の「垂直的」な分離に転化する。女性が主として担う家事・育児等のケアに関する責任の重さが，職場で求められる労働時間，仕事量を媒介して「垂直的」な分離，すなわち昇進しにくいという状況を生むことになる（熊沢，2000）。

3 補助職から基幹職へ

(1) 補助職としての女性労働

　女性一般職の企業内でのポジションの変化について，時系列で整理しておきたい。特に，女性が事務職に従事している割合が高いという現状を踏まえ，事務職の変化を中心にみていきたい。

　労働についてジェンダーの視点からの意味付けを「女性事務職」に注目して歴史的に紐解いた金野（2000）は，1950年代から60年代の戦後の女性事務職が，組織からは，私生活を犠牲にするほどは仕事に打ち込まない「強くないコミットメント」，結婚や出産までの「短期勤続」，この２つの特徴を持ち合わせたものとしてとらえられたとする。この特徴ゆえに女性事務職は職場の「周縁」に位置付けられ，「補助的」な職務が割り当てられたとしている。金野は，女性事務職は女性技能工に比べると勤続年数が短く若年層が多いことを明らかにしており，結婚退職や若年退職の慣行が強くみられたと指摘する。

　女性に対する結婚（早期）退職制度は日本だけでなく，様々な国に存在し，欧米では「Marriage Bar」と呼ばれていたと大沢真知子（1993）は述べている。これが設けられるのは，内部労働市場における年功賃金制度が関係しており，勤続が長期化すると従業員の生産性よりも高い賃金が支払われるという形で生産性と賃金の乖離が生じる。それは定型的な単純労働でも同様であり，定型的な労働を女性に配分して短期勤続で離職を促す制度が必要となった。内部労働市場において，女性の短期勤続と補助的な仕事の配分がセットで埋め込まれていたといえる。

　しかしアメリカでは，1950年頃から女性の高学歴化や人口構造の変化などにより既婚女性の就業が拡大し，人事政策の変化をもたらした（Goldin, 1990）。一方で内部労働市場の構造が強く残る日本企業では，こうした状況が長い間変わらないままに推移した。1960年以降の高度経済成長から男女雇用機会均等法が制定される80年代前半頃までは，内部労働市場が発達した多くの日本の企業で，男性の長期勤続や高い組織コミットメントが確認される。組織からみると，こうした男性従業員は，安定雇用との引き換えで，業務内容や勤務地，労働時間の変動に柔軟に対応してくれる労働力として位置付けられ，これがモデル的な労働者となった。これに対して女性は，結婚や出産などのライフイベントの影響を受けて働き方が変化する不安定な労働者とみなされていた。

⑵　男女雇用機会均等法とコース別雇用管理制度

　女性の短期勤続という就業特性と整合する形で維持されてきた男女別雇用管理制度は，1986年の男女雇用機会均等法の施行という形で，企業の外から修正が求められることになる。女性の多くが結婚や出産までの短期勤続で補助的・定型的な業務に従事していた法施行前の状況において，経営者は，法の制定は日本の雇用慣行を根底から覆すもの，と考え，法案審議過程において強い抵抗を示した（赤松，1990）。経営者の強い抵抗により，法規制の内容は当初案よりも後退したものとならざるを得なかったものの，法施行により，雇用における男女均等な取り扱いが事業主に求められることとなった。

　しかし，法律ができたからといって，長年実施してきた雇用の制度を直ちに変更することは難しい。特に男女の仕事に対する意欲，姿勢や勤続パターンの違いは，経営者にとっては雇用管理上きわめて重要な要素である。そこで「男女別雇用管理」に代えて導入されたのが「コース別雇用管理制度」である。コース別雇用管理制度は，男女雇用機会均等法の制定が契機になって大企業を中心に導入が進んだ制度であった。この制度は，男女雇用機会均等法施行後も性別職域分離を温存することにつながったという点で，注視しなくてはならない。

　当時のコース別雇用管理制度の典型的な内容は，基幹的な業務に従事する

「総合職」と，補助的・定型的な業務に従事する「一般職」という形で，業務内容によりコースを区分し，昇進可能性や賃金体系などをそれぞれの区分に応じて設定するものであるが，コースごとの処遇条件には大きな格差が存在した。同時に，「総合職」は海外を含めて勤務地の限定がないというように，転勤可能性，もしくは転勤の範囲が「一般職」とは異なるという条件とセットで提示されることが一般的であった。

　男女雇用機会均等法施行後間もなくコース別雇用管理制度の実態把握を行った女性職業財団（1990）は，コース別雇用管理制度が均等法対応として導入されている傾向が強いこと，「一般職」のほとんどが女性，「総合職」のほとんどが男性という形で，事実上男女別雇用管理となっていること，などを明らかにした。脇坂（1997）は，それぞれのコースの男女比を調べているが，それぞれのコースに従事する従業員数は全体でみればほぼ半々の構成比であるが，女性の圧倒的多数（96％）が「一般職」であったとしている。

　コース別雇用管理制度については多くの研究が行われ制度に対する評価がなされてきたが，実質的に男女を振り分ける制度となっている，女性の二極分化を進める，入社時にコースを決定することの合理性がない，といった批判が主流を占めてきた（渡辺, 1995；脇坂, 1996，など）。

　このため，1991年に当時の労働省（現　厚生労働省）が「コース別雇用管理の望ましい在り方」を示し，コースの定義と運用方法を明確にすること，各コースが男女に開かれ男女公平な雇用管理が行われること，コース間の転換を認める制度を柔軟に設定すること，などが盛り込まれ，男女別の制度設計や運用にならないことへの方針が示された。さらに2013年には，「コース等で区分した雇用管理を行うに当たって事業主が留意すべき事項に関する指針」が告示され，制度の適切な運用がより強く求められるようになった。同指針は，男女別の制度設計や運用は直ちに均等法違反にあたるとした上で，制度を適正・円滑に運用するための留意事項として，コース区分の基準に合理性をもたせることや，それぞれの区分における処遇や職務内容等の明確化などを盛り込んだものとなっている。

⑶　女性一般職の勤続長期化と職務の変化

　日本企業が女性の能力発揮に取り組み始めたのは1990年代後半からとするの
が濱口（2015）で，当時の経営者の発言や報道を振り返っている。それによる
と，1990年代後半には，「一般職」の仕事が派遣社員に代替されてきたこと，
「OL」の供給源である短大卒の女性の就職が厳しくなったこと，「一般職」の
制服が廃止されていったこと，などの変化が生じていた。

　当時の社会環境としては，1997年に改正男女雇用機会均等法が成立したこと
が重要である。改正法では，募集・採用から定年・退職・解雇までの雇用管理
の各ステージにおける女性に対する差別が禁止されるとともに，ポジティブ・
アクションの規定，セクシュアル・ハラスメントへの対応などが新たに盛り込
まれ，同時に労働基準法の女子保護規定が撤廃された。1985年に成立した男女
雇用機会均等法施行後に指摘されてきた問題をクリアする形で法の内容の整備
が図られ，男女差別を禁止する法律として大きく前進した。

　また，1990年代後半は，バブルが崩壊し「就職氷河期」と呼ばれるように
なって雇用環境は厳しさを増し，雇用失業情勢や雇用管理に大きな変化が起き
た時期である。樋口・酒井（2004）は，均等法施行後の1980年代後半（1987-
90年）に就職した「均等法世代」と，91年以降に就職した「バブル崩壊後世
代」をパネルデータで比較しているが，均等法世代に比べてバブル崩壊後世代
は，正規雇用で継続就業する割合が低下するなどの違いがみられており，90年
代当時の経済状況が女性の就業に影を落としていたといえる。

　1990年代後半以降，女性事務職が多い「一般職」の仕事にも変化がみられる
ようになる。人件費コストの削減のための雇用調整により，非正規化が特に女
性で進んだ。加えて情報通信技術の進歩により事務関連業務を中心にデジタル
化が進み，定型的な業務を中心に派遣労働者による代替が起こる。この時期に
は，「総合職」の採用は継続しつつ，一方で「一般職」の新卒採用を止めたり
採用数を絞り込んだりする企業が少なくなかった。同時に，社内に定着してい
く「一般職」の女性に対しては，高度なスキルや多様な業務への対応が求めら
れるようになる。

156

図表6-9　男女別平均勤続年数の変化

(年)

	男性	女性
1980	10.8	6.1
1985	11.9	6.8
1990	12.5	7.3
1995	12.9	7.9
2000	13.3	8.8
2005	13.4	8.7
2010	13.3	8.9
2015	13.5	9.4
2018	13.7	9.7

注：一般労働者（短時間労働者以外の労働者）の数値である
出所：厚生労働省「賃金構造基本調査」

　阿部（2005）は，「一般職」の女性が担っていた業務が非正規労働者に外部化された過程についてインタビュー調査を実施している。女性一般職には，企業特殊的なスキルが蓄積されており，デジタル化できない高度な職務や多様な役割が期待されるようになり，以前は男性総合職が担当していた仕事を任されるといった変化が生じたとしている。また，浅海（2006）は，女性事務職が，勤続とともに知識や技能を向上させ，ベテラン事務職は幅広い職域をカバーするようになり，時には営業等への職務転換が行われることも明らかにしている。

　このように，女性一般職の役割の変化は，彼女たちの勤続長期化と密接に関連している。強固な内部労働市場の構造により女性の能力発揮が進まないのであれば，女性が活躍するためには女性が定着することが重要になる。女性の定着を促すための法制度として育児や介護等の支援策が充実することに呼応して，女性の企業定着が進んだ（本書第4章で詳述）。図表6-9に示すように，女性の勤続長期化が進んでおり，10年以上の勤続年数の女性は約4割を占めるに至っている。また，前述のようにバブル崩壊後の厳しい雇用失業情勢の中で，夫婦共働きによりリスクヘッジをするという意識やライフスタイルの変化も起こり，女性の結婚・出産退職は減少し，特に2010年以降女性の企業定着が高

まってきた。

⑷　女性一般職の活躍推進の現状

　松浦（2017）は，男女雇用機会均等法後の女性活躍推進を3つの時期に区分して企業の取組の特徴を分析した。3つの時期とは，男女雇用機会均等法に対応した法施行から1999年まで，少子化を背景に特に「両立支援策」が充実して女性の定着が進む2000年代，両立支援だけでなく「均等推進」も重要になる2010年代，の3区分である。2010年以降は，その前の時期の両立支援策の効果により女性の企業定着が進んできたが，両立支援策の充実化ゆえに女性のみが制度を長期間利用するという状況が生まれ，女性のキャリア形成や活躍推進につながらないという問題が顕在化する。そこで，女性の就業継続を支援する，ということにとどまらず，女性の長期的なキャリア形成を意識して施策を展開するという動きが強まってきたとされている。

　女性が活躍するためには，定着促進のための支援策のみでは不十分で，女性が能力を発揮して働きキャリア形成ができる条件の整備を進めることが極めて重要であることを多くの研究が明らかにしてきた（武石, 2006；脇坂, 2018, など）。女性一般職の定着が一定程度進んできており，この動きをさらに堅固なものにすることは当然重要であるが，女性が辞めずに定着する状況が生まれてきた変化をとらえ，女性一般職の活躍を推し進める必要性が高まってきた。2010年以降はダイバーシティ経営を進める企業が増加したことも重要な変化であり，女性の能力発揮を経営戦略と位置付けてとらえられるようになってきた。

　しかしながら，石塚（2018）は，2017年に日本経済新聞社が実施した調査で，「過去5年間で女性が働く社会づくりが進んだという実感がない（「どちらかというとない」を含む）」と答える働く女性（正社員・正職員）が7割に上ったことを紹介している。女性管理職比率の数値のみにこだわる経営姿勢や，子どもの有無により企業からの支援策の濃淡が生じ女性の分断が起こりつつあること，変わらない男性中心の職場の中で女性が葛藤を感じていることなど，女性活躍推進策の本質的な課題が解決されていないことが背景にある。管理職への登用を希望しない，期待しない多くの女性たちにとって，「女性活躍推進政策」

が自分とは関係ない，と考えてしまうのだとすれば，女性活躍推進の効果は期待できない。

4 女性一般職を起点とする人事管理の今後

⑴ 男性の働き方の見直し

　女性一般職の能力発揮をどう進めるか，という問題を考えていくと，これからの人事管理のあり方につながるいくつかの課題と重なってくる。まず，なぜ女性一般職が「女性」として職場の中で「間仕切り」されなくてはならないのか，という問題がある。

　本章でも繰り返し述べてきたように，女性の意識や働き方を「特殊」なものとして，男性とは別の仕組みで対応しようとすることが「女性一般職」を生んでいる。女性一般職は，「男性のように働けないし，働きたいとも思っていない」というステレオタイプなジェンダー観が，女性の職域を限定的なものにし，その結果として女性のキャリア形成を阻害してきている。

　日本の働き方は国際的にみて硬直性が高く，男女ともにワーク・ライフ・バランスに対して課題を感じていることが明らかになっている（武石編著，2012）。山本（2018）は，企業パネルデータを用いた研究により，正社員女性比率や管理職女性比率が高いという点で女性活躍が進むための条件として，職場（男性の労働時間や人事課長ポストの労働時間）の労働時間が短いこと，雇用の流動性が高いこと，（両立支援策や勤務地限定制度，長時間労働是正など）ワーク・ライフ・バランス施策が充実していること，をあげている。

　武石（2006）は，「男性正規労働者」をモデルとはしない働き方の必要性を指摘した。重要なことは，「働き方」の硬直性と引き換えにキャリア形成が行われるという現状，つまり，長時間労働や定期異動，転勤政策などを受け入れることとキャリア形成がセットになった仕組みを見直すことである。男性中心の職場で強化されてきた一律的な働き方が女性のキャリア形成上の阻害要因となっていることを踏まえ，男性の働き方を見直すことが第一に必要になる。

⑵　コース別雇用管理制度の課題

　以上の問題意識に立つと，コース別雇用管理制度の合理性については，その意義や制度の内容に関して再考すべき時期にきているといえるだろう。

　前述したように，男女雇用機会均等法に対応する形でこの制度を導入する企業が多く，その後，時代の変化とともに制度内容や運用を変えてきた企業は多い。しかしながら，現在，規模5,000人以上の企業で52.8％，1,000～4,999人の企業で43.5％という導入状況であり，大企業を中心に制度導入が定着していることが明らかである（厚生労働省「平成29年度雇用均等基本調査」）。

　制度運用の実態を厚生労働省「平成26年度コース別雇用管理制度の実施・指導状況」により確認すると，「総合職」採用者に占める女性割合は22.2％，「一般職」採用者に占める女性割合は82.1％であり，総合職の採用倍率（応募者に占める採用者割合）は女性の方が高い。「総合職」は女性にとって男性以上に狭き門であることに加えて，「一般職」は女性の職域として定着しているといえる。

　また，永瀬・山谷（2011）は，女性に対するインタビュー調査から，「総合職」と「一般職」の女性の間に，能力や家族観などに大きな違いはないにもかかわらず，入社時点で働き方の区分が行われ，昇進見通しや賃金に大きな格差があることの課題を指摘する。それにより，「一般職」女性の仕事を限定的なものにして女性の能力発揮を阻害しているとする。一方の総合職女性は，「男性総合職」と同じような働きを求められるために，仕事のやりがいは高いものの，将来の就業継続への不安を抱いているという課題もある。

　つまり，いずれのコースにおいても，女性の能力発揮がうまくいっているとは考えられず，女性の能力発揮の観点から制度の見直し，あるいは廃止という思い切った選択も検討すべき時期に来ているのではないだろうか。21世紀職業財団（2017）は，コース別雇用管理制度や「一般職」制度を廃止した企業事例を紹介しているが，廃止の理由は，それぞれのコースに定義されている業務内容と実態に乖離が生じたこと，「一般職」が自身の能力に線を引いてしまい能力発揮がうまくいかなくなったこと，などがあげられており，コースの一本化

が図られている。

　「男性働き」を「総合職の働き方」として，それに乗れない場合に「一般職」として，両者の処遇格差を容認するとすれば，女性の円滑なキャリア形成はいつまでたっても進まないだろう。

⑶　雇用区分の多元化の課題

　コース別雇用管理制度に関連する議論として，正社員を「多元化」する仕組み，つまり，正社員の中に職種や労働時間，勤務地を限定して働くことができる区分を設定する「限定正社員制度」の必要性が指摘されるようになってきた（2013年6月閣議決定「日本再興戦略」など[7]）。労働政策研究・研修機構（2013）では，限定正社員制度を導入している企業6社の事例分析が行われている。この中で，「一般職」女性の職域拡大を目的にして従来のコース別雇用管理制度を見直し，勤務地限定の有無により制度を組み替えている事例が紹介されている。

　女性一般職の特徴としては，育児や介護などの家族的責任を担うことによりライフイベントを意識した就業選択が行われるケースが多いことから，男性に比べて労働時間や勤務地の範囲において制約があり，組織の要請に常に対応することが難しいという点があげられる。これまで働き方を制約する条件は専ら女性の問題と考えられがちであったが，共働き世帯の増加や，介護責任の広がりなど，様々な理由により働く上での制約が存在することが多くの従業員に共通するものとなってきた。佐野（2015）は，20代，30代の若い男性正社員でも，管理職を志向する割合は4分の1程度と一部にとどまり，希望するキャリアや働き方は男女とも多様化しているとしている。日本的な雇用システムが前提としてきた，いつでもどこでも働くことができる，という働き方に制約のないいわゆる「メンバーシップ型」（濱口，2009）の従業員が，男女ともに少数派となり，働くことに制約条件をもつ従業員が増えることが見込まれ，「限定正社員制度」は男女共通の課題として検討することが重要になっている。

　ところで，コース別雇用管理制度と限定正社員制度は何が違うのだろうか。コース別雇用管理制度のコースを区分する重要な条件として転居転勤の有無が

図表6-10 業務コース制と勤務地限定制度

		勤務地限定制度	
		転勤あり	転勤なし
業務コース制	総合職（基幹職）	イ	ハ
	一般職（補助職）	ロ	ニ

注：脇坂（1998）では，いわゆる「総合職」を「基幹職」，いわゆる「一般職」を「補助職」として議
　　論しているが，ここでは本文との整合を図るために脇坂が示した図表の表記を一部修正している
出所：脇坂（1998）p.57より

　あることから，「勤務地限定制度」を取り上げて，2つの制度の違いを明確に
したい。
　これについては，脇坂（1998）が参考になる。まず，コース別雇用管理制度
では，「総合職」と「一般職」は業務の違いによる区分設定がなされていると
いう意味で「業務コース制」が基本になっているが，これに転勤の有無により
コースを区分する「勤務地限定」の制度がドッキングした方式となったため，
勤務地限定制度との混同が生じている。脇坂から引用した図表6-10に示すよ
うに，コース別雇用管理制度はまずは業務の違い（イとロ，ハとニの区分）が
本質であり，男女分業であることが前提にあるために性別の偏りが大きくなる。
さらに，転勤経験がスキル向上に重要である場合に，業務の違いと転勤の有無
の組み合わせでイとニの区別が生じることになり，一般的なコース別雇用管理
制度はこの2つの次元を組み合わせた制度となっている。一方で，勤務地限定
制度は，イとハ（ロとニもありうる）の区分が本質にあり，いずれのコースも
共通の賃金体系等で処遇されるが，「転勤なし」のコースの場合には昇格の上
限に違いが生じることがある。
　金井（2013）は，コース別雇用管理制度の「一般職」は，短期雇用型の女性
に合わせた制度設計となっているのに対して，限定正社員制度は，中・長期勤
続を想定した処遇の仕組みを検討することになり，「一般職」よりも処遇が高
くなる余地がある制度だとしている。限定正社員制度は，勤続を通じたキャリ
ア形成が可能な仕組みとして制度化されるという点が重要なポイントである。
女性の勤続長期化やそれに伴う能力発揮の必要性が高まっている現状を踏まえ

ると，業務の違いによりキャリア形成にも大きな影響が生じるコース別雇用管理制度を限定正社員制度として組み替えることは1つの方策である。

　しかし，働き方の制約が生じることが男女に共通の課題といいながらも，「限定正社員制度」が主として働き方において制約条件の多い「女性のための」制度となってしまうことが懸念される点である（久本，2003；武石，2006）。男女に中立的な制度設計である「限定正社員制度」は，働く人の自由な選択に任されているとはいえ，結果として女性が限定型の働き方を選ぶ傾向にあるという現実がある（厚生労働省，2011）。21世紀職業財団（2017）では，「一般職」の女性のうち7割が「総合職（エリア総合職を含む）になりたくない」と回答しており，その理由は，「長時間労働になるから／家庭との両立が難しくなるから」(58.9%)，「責任が重くなるから」(41.3%)，「転勤する可能性があるから」(28.8%)が上位3つとなっている。したがって，「限定正社員制度」が導入された場合に，それぞれの雇用区分の選択の結果に，ジェンダー構造が反映される可能性が高いことに留意する必要がある。

　そのために，限定正社員制度の制度化にあたっては，雇用区分の設定やそれぞれの区分間の処遇内容の適正化，区分間の転換可能性の保証を制度に組み込むこと，などが不可欠である。

⑷　女性一般職のキャリアの拡大

　女性が高い役職に就けない状況を「ガラスの天井」というが，一方で，女性が補助的でキャリア形成ができない仕事に張り付いてしまう現象は，「床への張り付き（sticky floor)」（Booth, et al. 2003）と表現される。Hara（2016）は，男女間賃金格差の分析を通じて，日本で「床への張り付き」現象が以前から確認されており，低賃金の職種に女性が多く就いていることを実証している。

　女性が低賃金で賃金上昇カーブが小さい職業に就くのは，スキルが高まりにくくキャリア形成がしにくい職域に女性が多いことを示している。「適材適所」の観点から，こうした現状を放置しておくことは，人的資源管理の観点からも問題が多い。多くの女性が短期勤続で職場を離れている時代であれば，長期的なキャリア形成を考えないことの合理性があったかもしれないが，それは過去

のものとなっている。

　組織に定着する女性たちがスキルを高めて意欲をもって働くことを支援する企業の取組が重要になっている。

　たとえば明治安田生命保険相互会社[8]では，女性活躍を進めるために2015年から段階的に「職種の再編・統合」を実施した。それ以前は，「総合職」「特定総合職（勤務地限定）」「アソシエイト職（一般事務を担う「旧一般職」）」の3つの職種体系であったが，2017年からは，「総合職（全国型）」と「総合職（地域型）」の2職種とした。両者の違いは転居を伴う転勤の有無にあり，それ以外は同等の位置付けであることを明確化し，職種にかかわらず，能力・適性に応じて経営管理職（部長，支社長等）を含む幅広い職制・職務での活躍が可能である。処遇体系は，役割（職制・職務）に応じた処遇を「総合職（全国型）」と「総合職（地域型）」とで共通化した。内勤職員の6割，全従業員の9割が女性という同社において，女性の意欲を喚起する施策は不可欠であり，コース別雇用管理制度を勤務地限定制度へと変えつつ，2つのコースの統合を図ることによりキャリア展望の透明化を目指したといえる。

　アメリカでは，Goldin（2006）が，女性の経済分野への進出をここ100年の大きな変化ととらえ，4つのフェーズに分けている。19世紀の終わりから1920年代までの第一フェーズ，1930年から1950年までの第二フェーズ，1950年から1970年代後半までの第三フェーズで女性が労働市場に参入する量的な拡大が進んだが，それに続く第四フェーズを「静かな革命（quiet revolution）」とよんで，次の3つの指標に注目した。それは，①女性が職業キャリアを展望できるようになったこと，②キャリアが女性のアイデンティティおいて重要になったこと，③女性の収入や職業が変化し家庭内での意思決定における妻の重要度が増したこと，である。前述した松浦（2017）の指摘する「第3の時期」を経て，アメリカで起きた「静かな革命」のように，女性の職業的アイデンティティの確立，夫婦で女性のキャリアを重視するライフスタイルがいずれ日本でも定着すると考えられるが，そのためには女性が自身のキャリアを展望し自己決定でき，それがあるからこそ自己投資ができる，という循環にもっていくことが何よりも重要となるだろう。

　最後に，管理職女性や女性の昇進というような上方に向かう女性のキャリア形成を扱う研究に比べると，女性一般職の現状や課題について明示的に取り上げる研究は少ないことを問題提起したい。現実には，昇進を視野に入れずに就業を継続して仕事にやりがいをもって働く多くの女性が職場を支えている。女性の意識が男性以上に多様であることは，マネジメント上の煩雑さにつながることから周辺化されてきたが，ダイバーシティ経営の観点からすれば，この多様性にこそ着目すべきであり，早晩男性も同様の状況になっていくと考えられる。もちろん女性一般職の中から将来管理職に登用される女性が現れるはずであるが，そうではない女性たちが自身のキャリアを展望して意欲的に働く環境整備は，女性活躍推進，そしてダイバーシティ推進の重要な側面であることを忘れてはならない。

POINTS

◆　女性活躍推進の政策において，女性の管理職昇進が注目されるが，女性の大部分は管理職に就いていない「女性一般職」であり，男性に比べるとこの割合は圧倒的に多い。職種，職場，さらに担当する仕事において，男女で異なる状況「性別職域分離」が存在しており，女性は補助的な仕事に就く傾向が強い。また，女性一般職には多様な意識があるが，それは女性自身の選好ということだけでなく，企業や職場の状況が女性の意識を規定する部分がある。

◆　性別職域分離により女性一般職が多数生まれているが，ここには社会や職場のジェンダー構造が色濃く反映されている。女性には「女性向きの仕事」を任せるのがよいといったステレオタイプな見方や，女性が家族的責任を担っている現状から生じる男女の働き方の違いに基づく「統計的差別」などが，女性一般職が生まれる背景にある。

◆　女性一般職の変化を振り返ると，戦後の高度経済成長期から男女雇用機会均等法施行までに男女の職域分離が明確になり，男女雇用機会均等法の施行に対応する形でコース別雇用管理制度の導入が進む。この制度は，実質的に男女別雇用管理を維持する運用がなされ，女性の多くが「一般

職」として採用された。その後女性一般職の勤続長期化や雇用失業情勢
による非正規雇用への業務代替が進み，女性一般職の仕事内容が高度化
するという変化が生まれる。2010年頃からは，定着した女性一般職の
能力発揮，長期的なキャリア形成が企業にとっての課題となってきた。
◆　女性一般職が男性と区分されてマネジメントをされる状況には合理性が
なくなっており，男性の働き方そのものを見直し，その上でコース別雇
用管理制度の妥当性の検討，それに代わる限定正社員制度の導入や適切
な運用のあり方についての検討が必要である。女性一般職の職域が限定
されているのは，「適材適所」の観点からも問題である。こうした現状
を放置しておくことは，人的資源管理の観点からも問題が多い。組織に
定着する女性たちがスキルを高めて意欲をもって働くことを支援する企
業の取組が重要になっている。

|注
1　本章でコース別雇用管理制度における「総合職」と対比する「一般職」を指す場合には，
「一般職」と記述する。
2　「女性職化が進んでいる」というのは，例えば「事務職」（大分類）を構成する職業（小
分類）を３つのタイプに分けた上で，事務職に就く就業者の中で「女性職」に就く割合が
高まっていることを指している。
3　ここで「分結指数」は，男女の職業分布の分離度を示す指標で，一方のグループの職業
分布を他方の分布と同じにするために少なくとも何％の人の職業が変わる必要があるのか
を示す。山口（2017）によると，同指数は，1995年の0.343（34.3％の女性の職業が変わら
ないと男性と同じ職業分布にならない）から，2005年には0.427（同42.7％）に高まってい
る。
4　山口（2017）では，専門職を２つのタイプに分類しており，「教育・養育」「医療・保健・
看護」「社会福祉」の分野の「ヒューマンサービス系専門職」のうち，「大学教員」「医師」
「歯科医師」を除く専門職を１つのタイプとして括り，それ以外の専門職と区別して分析
した。
5　この調査で「『一般職』女性」とは，コース別雇用管理制度がある企業では「一般職」，
コース別雇用管理制度がない企業では事務職の正社員女性である。
6　この調査は，50代，60代の女性を対象にしたインタビュー調査，50～64歳の正社員男女
に対するアンケート調査を実施している。
7　政府においては，「日本再興戦略」（平成25年6月14日閣議決定）において，職務などに
着目した多様な正社員モデルの普及・促進を図ることとされたことを受け，厚生労働省に

おいて有識者による懇談会による報告書がまとめられ，2014年には「雇用管理上の留意事項」を公表するなど，労働政策においても重要な課題となっている。

8　労働政策研究・研修機構『ビジネス・レーバー・トレンド』の2020年3月号における女性の活躍推進の事例報告を参照。

| 参考文献

赤松良子（1990）『改訂版　詳説男女雇用機会均等法及び労働基準法（女子関係）』女性職業財団.

浅海典子（2006）『女性事務職のキャリア拡大と職場組織』日本経済評論社.

阿部正浩（2005）『日本経済の環境変化と労働市場』東洋経済新報社.

石塚由紀夫（2018）『働く女性　ほんとの格差』日本経済新聞出版社.

大沢真知子（1993）『経済変化と女子労働－日米の比較研究』日本経済評論社.

大沢真知子（2015）『女性はなぜ活躍できないのか』東洋経済新報社.

大沢真理（1993）『企業中心社会を超えて－現代日本を＜ジェンダー＞で読む』時事通信社.

金井郁（2013）「『多様な正社員』施策と女性の働き方への影響」『日本労働研究雑誌』No.636, pp63-76.

基礎経済科学研究所 編（1995）『日本型企業社会と女性』青木書店.

熊沢誠（2000）『女性労働と企業社会』岩波書店.

厚生労働省（2011）『「多様な形態による正社員」に関する研究会報告書』.

駒川智子（2014）「性別職務分離とキャリア形成における男女差—戦後から現代の銀行事務職を対象に」『日本労働研究雑誌』No.648, pp.48-59.

金野美奈子（2000）『OLの創造－意味世界としてのジェンダー』勁草書房.

金野美奈子（2012）「性別職域分離－仕事の中の男性と女性」佐藤博樹・佐藤厚 編著『仕事の社会学－変貌する働き方（改訂版）』有斐閣, pp.55-72.

佐野嘉秀（2015）「正社員のキャリア志向とキャリア－多様化の現状と正社員区分の多様化」『日本労働研究雑誌』No.655, pp.59-72.

三具淳子（2015）「初職継続の隘路」岩田正美・大沢真知子 編著『なぜ女性は仕事を辞めるのか－5155人の軌跡から読み解く』青弓社, pp.51-89.

首藤若菜（2003）『統合される男女の職場』勁草書房.

女性職業財団（1990）『コース別雇用管理に関する研究会報告書』.

武石恵美子（2006）『雇用システムと女性のキャリア』勁草書房.

武石恵美子（2009）「キャリアパターン別にみた女性の就業の特徴」『国立女性教育会館　研究ジャーナル』第13号, pp.3-15.

武石恵美子編著（2012）『国際比較の視点から日本のワーク・ライフ・バランスを考える－働き方改革の実現と政策課題』ミネルヴァ書房.

永瀬伸子, 山谷真名（2011）「大企業勤務の大卒正社員女性の就業継続不安－コース別人事に着目して」『キャリアデザイン研究』Vol.7, pp.185-197.

21世紀職業財団（2017）『「一般職」女性の意識とコース別雇用管理制度の課題に関する調査研究—「一般職」女性の活躍に向けて』.

21世紀職業財団（2019）『「女性正社員50代・60代におけるキャリアと働き方に関する調査－

男女比較の観点から』.

野村正實（2007）『日本的雇用慣行－全体像構築の試み』ミネルヴァ書房.

濱口桂一郎（2009）『新しい労働社会―雇用システムの再構築へ』岩波書店.

濱口桂一郎（2015）『働く女子の運命』文藝春秋.

樋口美雄，酒井正（2004）「均等法世代とバブル崩壊後世代の就業比較」樋口美雄・太田清・家計経済研究所 編著『女性たちの平成不況－デフレで働き方・暮らしはどう変わったか』日本経済新聞社，pp.57-85.

久本憲夫（2003）『正社員ルネサンス―多様な雇用－多様な正社員へ』中央公論新社.

松浦民恵（2017）「企業における女性活躍推進の変遷－3つの時代の教訓を次につなげる」佐藤博樹・武石恵美子 編著『ダイバーシティ経営と人材活用－多様な働き方を支援する企業の取り組み』東京大学出版会，pp.83-103.

森ます美（2005）『日本の性差別賃金－同一価値労働同一賃金原則の可能性』有斐閣.

山口一男（2017）『働き方の男女不平等－理論と実証分析』日本経済新聞出版社.

山本勲（2018）「企業における女性活躍の推進」阿部正浩・山本勲 編著『多様化する日本人の働き方―非正規・女性・高齢者の活躍の場を探る』慶應義塾大学出版会，pp.141-162.

労働政策研究・研修機構（2013）『労働政策研究報告書No.158 「多様な正社員」の人事管理に関する研究』.

脇坂明（1996）「コース別人事管理の意義と問題点」『日本労働研究雑誌』No.433，pp.14-23.

脇坂明（1997）「コース別人事制度と女性労働」中馬宏之，駿河輝和 編著『雇用慣行の変化と女性労働』東京大学出版会，pp.243-278.

脇坂明（1998）『職場類型と女性のキャリア形成（増補版）』御茶の水書房.

脇坂明（2018）『女性労働に関する基礎的研究－女性の働き方が示す日本企業の現状と将来』日本評論社.

渡辺峻（1995）『コース別雇用管理と女性労働－男女共同参画社会をめざして』中央経済社.

Booth, Alison L., Marco Francesconia&Jeff Frank（2003）"A sticky Floors Model of Promotion, Pay, and Gender," *European Economic Review*, Vol.47, No.2, pp. 295-322.

Goldin, Claudia（1990）*Understanding the Gender Gap : An Economic History of American Women*, Oxford : Oxford University Press.

Goldin, Claudia（2006）"The Quiet Revolution That Transformed Women's Employment, Education, And Family," *American Economic Review*, Vol.96, No.2, pp.1-21.

Hakim, Catherine（1993）"Segregated and Integrated Occupations : A New Approach to Analysing Social Change," *European Sociological Review*, Vol.9, No.3, pp.289–314.

Hara, Hiromi（2016）"Glass Ceilings or Sticky Floors? : An analysis of the gender wage gap across the wage distribution in Japan," *RIETI Discussion Paper Series*, 16-E-099.

Polachek, Solomon William（1981）"Occupational Self-Selection : A Human Capital Approach to Sex Differences in Occupational Structure," *The Review of Economics and Statistics*, Vol.63, No.1, pp.60-69.

Reskin, Barbara（1993）"Sex Segregation in the Workplace," *Annual Review of Sociology*, Vol.19, pp. 241-270.

索 引

■著者紹介

武石恵美子（たけいし・えみこ）
序章，第1章，第4章～第6章
責任編集者紹介を参照。

高崎美佐（たかさき・みさ）
第2章，第3章
お茶の水女子大学学生・キャリア支援センター講師。博士（学際情報学）。
専門はキャリア発達，組織心理学。
株式会社豊田自動織機製作所，株式会社ダイヤモンド社などを経て2018年より
現職。2018年東京大学大学院学際情報学府博士課程単位取得退学。大学から社
会への移行，キャリア形成について学際的なアプローチで研究を進めている。

■責任編集者紹介

佐藤博樹（さとう・ひろき）

中央大学大学院戦略経営研究科（ビジネススクール）教授。東京大学名誉教授。
専門は人的資源管理。

著書に『新訂・介護離職から社員を守る』（共著，労働調査会，2018年），『人材活用進化論』（日本経済新聞出版，2012年），『職場のワーク・ライフ・バランス』（共著，日本経済新聞出版，2010年）など。

兼職として，内閣府・男女共同参画会議議員，内閣府・ワーク・ライフ・バランス推進官民トップ会議委員，経済産業省・新ダイバーシティ経営企業100選運営委員会委員長など。

武石恵美子（たけいし・えみこ）

法政大学キャリアデザイン学部教授。博士（社会科学）。
専門は人的資源管理論，女性労働論。

著書に『キャリア開発論』（中央経済社，2016年），『国際比較の視点から日本のワーク・ライフ・バランスを考える』（編著，ミネルヴァ書房，2012年），『雇用システムと女性のキャリア』（勁草書房，2006年）など。

兼職として，厚生労働省・労働政策審議会の障害者雇用分科会，雇用環境・均等分科会，人材開発分科会，経済産業省・新ダイバーシティ経営企業100選運営委員会委員など。

シリーズ ダイバーシティ経営

女性のキャリア支援

2020年10月10日 第1版第1刷発行
2024年8月20日 第1版第3刷発行

責任編集	佐	籐	博	樹
	武	石	恵美	子
著 者	武	石	恵美	子
	高	崎	美	佐
発行者	山	本		継

発行所 ㈱中央経済社

発売元 ㈱中央経済グループ
　　　　パブリッシング

〒101-0051 東京都千代田区神田神保町1-35
電話 03 (3293) 3371(編集代表)
03 (3293) 3381(営業代表)
https://www.chuokeizai.co.jp
印刷・製本／昭和情報プロセス㈱

ⓒ 2020
Printed in Japan

好 評 既 刊

多様なトピックスについてデータとともにわかりやすく解説

キャリア 開発論

―自律性と多様性に向き合う―

武石恵美子[著]

Ａ５判・ソフトカバー・260頁

目 次

[第Ⅰ部 全体像をつかむ]

中央経済社

あなたに合った手法がきっと見つかる！

労働・職場調査 ガイドブック

―多様な手法で探索する働く人たちの世界―

梅崎 修・池田心豪・藤本 真[編著]

Ａ５判・ソフトカバー・260頁

中央経済社

ビジネスマネジャー検定試験®
公式テキスト〈3rd edition〉

―管理職のための基礎知識　　　東京商工会議所［編］

管理職としての心構え，コミュニケーションスキル，業務管理
のポイント，リスクマネジメントの要点が1冊で身につく！

ビジネスマネジャー検定試験®
公式問題集〈2020年版〉東京商工会議所［編］

公式テキストに準拠した唯一の公式問題集。

過去問題3回分（第8回～第10回試験）を収録。

テーマ別模擬問題付き。

WEB試験「ビジネスマネジャーBasicTest®」の概要とサンプル問題を紹介。

A5判・ソフトカバー・380頁　　A5判・ソフトカバー・232頁

中央経済社